# CLICKERTRAINING MIT HAUSKATZEN

**Tricks, Kunststücke, Medical Training
und viel Spaß mit Ihrer Katze**

Andrea Amberger

**Clickertraining mit Hauskatzen**
Tricks, Kunststücke, Medical Training
und viel Spaß mit Ihrer Katze
© Andrea Amberger, 2007

Fotos Umschlag/Innenseiten: A. Amberger
Fotos S.79: Abdruck mit freundlicher Genehmigung von
Doogie's Litterkwitter®, Jo Lapidge, Sydney, Australien
Gestaltung/Illustrationen: A. Amberger
Herstellung und Verlag: Books on Demand GmbH, Norderstedt
Printed in Germany

ISBN 9783833497100

**Inhalt**



---

**Nr. Übung**

---

(MT) = Medical Training

## Einleitung

Da Sie dieses Buch gekauft haben, haben Sie vermutlich schon einmal etwas vom Clickertraining gehört oder clickern sogar schon mit anderen Tieren, z.B. mit Ihrem Hund, Ihrem Pferd oder einem anderen Wegbegleiter. Auch wenn Sie ein absoluter Clicker-Anfänger sind, finden Sie hier eine Anleitung, um auf diese besondere Art und Weise mit Ihrer Katze zu kommunizieren.

Gerade weil Katzen als sehr eigensinnig und als nicht dressierbar gelten, beschäftigen sich viele Katzenhalter nicht weiter mit dieser Kommunikationsmethode. Die Katzen sollen sich eigentlich nur brav verhalten, z.B. nicht auf den Tisch springen, immer das Katzenklo benutzen oder auf Zuruf kommen. Dieses selbstbestimmte Leben der Katzen, die ihren individuellen Tagesablauf selbst gestalten, lieben wir. Eine Katze hat ihren eigenen Kopf und lässt sich zu nichts zwingen. Gerade deshalb ist es für uns aber manchmal schwer, mit ihr zu kommunizieren. Kann sie überhaupt ähnliche Dinge wie ein Hund, z.B. Sitz, Platz, etc. erlernen?

Wie lernfähig Katzen sind, können wir erleben, wenn wir ihnen beibringen, das Katzenklo zu benutzen. Die meisten Katzen lernen das sehr schnell – von einem Tag auf den anderen.

Ich verrate Ihnen noch etwas: Einer Hauskatze kann man entgegen der landläufigen Meinung viel mehr als die Grundelemente des „richtigen" Verhaltens beibringen – und sie lernt mit Spaß und Ausdauer. Das soll nicht heißen, dass wir der Katze beibringen müssen, in unseren Augen entwürdigende Dinge zu tun – z.B. wie ein Hund einen Ball zu apportieren – sondern wir können durch das Clickertraining eine neue Kommunikationsebene zwischen uns und unserer Katze herstellen. Wir können insbesondere Wohnungskatzen mit dem Clickertraining beschäftigen. Die Übungen fordern die Katze heraus und sind eine willkommene Abwechslung, auf die sie sich schon jeden Tag freuen wird.

Clickertraining bedeutet: Die Verstärkung eines natürlichen Verhaltens. Wir können einer Katze damit kaum beibringen auf den Vorderpfoten zu laufen – da dies nicht ihrem natürlichen Verhalten entspricht. Aber wir können ihr beibringen, auf einen Stuhl zu springen und über eine dünne Latte zu balancieren oder einen Schalter mit der Pfote anzutippen. Clickertraining hat somit natürliche Grenzen. Diese beginnen da, wo das Tier sich nicht mehr wohl fühlt. Ein solches Verhalten wird die Katze ablehnen.

Clickertraining bedeutet aber vor allem: Training ohne Strafe und Dominanz. Diese so häufig in der Hundehaltung propagierten Erziehungsmethoden funktionieren bei Katzen nicht. Sie ziehen sich nach einer Bestrafung verängstigt zurück und lernen nichts mehr. Zudem werden sie dadurch das Vertrauen zu ihrem Trainer eher abbauen als aufbauen. Der Zugang zu einer erfolgreichen Kommunikation mit der Katze erfolgt nur, wenn sie selbst großen Spaß beim Training hat. Clickertraining funktioniert nur ohne Gewalt und ohne Strafe.

Der Click mit dem „Knackfrosch" ist also weder ein dominierendes Geräusch – noch ein Befehl. Der Click ist ein Kommunikationsmittel, das uns ermöglicht, der Katze mitzuteilen, dass sie etwas sehr gut gemacht hat. Sie empfindet ihn als Belohnung.

Katzen erkennen und verstehen bereits viele Geräusche, die wir erzeugen und versteht sie: z.B. reagieren sie auf das Öffnen einer neuen Dose Futter, und sie kommen bei diesem Knackgeräusch sofort aus dem Nachbarzimmer angerannt. Auch das Schütteln einer Schachtel Trockennahrung lockt sie in unsere Nähe. Sie haben bereits gelernt, dass gewisse Geräusche eine Handlung nach sich ziehen: In diesem Fall bekommen sie etwas zu fressen.

Auch die Katzen haben uns Menschen bereits „trainiert". Sie setzen sich z.B. vor den Futterplatz und miauen, damit wir wissen, dass sie Hunger haben oder sie setzen sich vor die Tür, damit wir sie möglichst bald öffnen.

Dieses Lernen nennt man in der Fachsprache „klassische Konditionierung". Iwan Pawlow, der 1904 den Nobelpreis in Medizin erhielt, ging mit seinen „Pawlowschen Hunden" in die Geschichte ein. Sein Versuch gestaltete sich wie folgt: Pawlow beobachtete bei einem Experiment mit einem Hund, dass das Tier schon beim Wahrnehmen einer sich mit Futter nähernden Person Speichel bildete. Er erforschte dieses Verhalten genauer und ließ beim Füttern des Hundes immer eine Glocke ertönen. Nach einigen Wiederholungen reagierte der Hund auf den Glockenton genauso, als wenn er tatsächlich Futter erhalten würde: Ihm lief das Wasser im Maul zusammen, obwohl überhaupt kein Futter in der Nähe war. Somit war bewiesen, dass der Hund das Geräusch der Glocke gedanklich in Verbindung mit dem Futter gebracht hatte. Der Hund war nun auf den Glockenton „konditioniert", wie man in der Fachsprache dazu sagt.

Das Beispiel zeigt, dass auch beliebige andere Reize (hier das Läuten einer Glocke) zum gewünschten Lernerfolg führen. Es muss nicht ein „spezieller" Clicker sein, damit Katzen verstehen, was wir meinen. Ein Knackfrosch ist nur deshalb so sinnvoll, weil er ein spezielles Geräusch erzeugt, das eigentlich sonst in der Umwelt nicht vorkommt.

Es wird somit zum speziellen Belohnungsgeräusch für die Katze.

Und warum ist ein kurzer Click besser als das Läuten eines Glöckchens? Der Click ist so schnell, dass auch ein kurzer Ansatz einer Bewegung des Tiers „geclickt" und damit belohnt werden kann. Warum dieses Timing so wichtig ist, erfahren Sie in den folgenden Kapiteln. Selbstverständlich können Sie auch jedes andere kurze Geräusch zum Clicken verwenden, z.B. das Clicken eines Kugelschreibers. Allerdings sollte das Geräusch nicht in Anwesenheit der Katze ausgeführt werden, wenn sie damit eigentlich nicht gemeint ist; der Click soll nur für sie reserviert sein.

Als Reiz kann natürlich auch ein visuelles Signal verwendet werden. Das bietet sich insbesondere für taube Katzen an. Sie sind somit nicht vom Clickertraining ausgeschlossen! Nehmen wir in diesem Fall eine Taschenlampe zur Hand, die wir einfach mit einer Hand bedienen können. Lassen wir die Lampe dann anstatt des Clicks kurz aufblinken. Die Katze wird schon bald verstehen, dass das Aufblinken der Lampe etwas Positives bedeutet. Und Sie haben eine Kommunikationsebene mit der gehörlosen Katze gefunden!

**Schematisch läuft das Lernen folgendermaßen ab:**

**1.**
Ein neutraler Reiz (z.B. das Geräusch des Clickers) löst (nur) eine Aufmerksamkeitsreaktion aus: die Katze schaut kurz auf, was das Geräusch wohl zu bedeuten hat.

**2.**
Der unkonditionierte Reiz (z.B. das Leckerli) wird gegeben und löst beim Tier Appetit aus.

**3.**
Die Katze lernt nach einigen Wiederholungen die Verbindung von Click und Leckerli.

**4.**
Das Clickgeräusch ist gelernt und als positives Ereignis abrufbar.

Hat die Katze das Clickgeräusch gelernt, folgen die darauf aufbauenden Übungen:

Setzt sich die Katze z.B. hin, clicken wir und geben ein Leckerli. Wenn sie sich wieder hinsetzt, wiederholen wir den Vorgang. Die Katze lernt nun, dass eine bestimmte Handlungsweise (nämlich ihr Hinsetzen) mit dem Click belohnt wird. Wie genau das Training funktioniert, erkläre ich Ihnen im nächsten Kapitel.

Warum clicken wir überhaupt, denn wir könnten das Futter ja auch einfach so zur Belohnung einsetzen?

Den Clicker setzen wir deshalb ein, weil er präzise – vor allem zeitgenau – einen ganz bestimmten Handlungsablauf oder auch nur eine kurze Bewegung der Katze belohnen kann. Würden wir Futter anbieten, könnte die Katze nicht genau feststellen, was genau an ihrer Handlung belohnt wird. Sie würde dann mit der Zeit nur noch auf die Hand mit dem Futter sehen und darauf warten, dass sie sich öffnet. Clicken wir, ist der Click genauso eine Belohnung wie das Futter. Er belohnt genau zum richtigen Zeitpunkt. Dadurch kann uns die Katze besser verstehen und lernt, welche Handlungen sie ausführen soll, damit sie den Click und eine anschließende Belohnung erhält. Der Click ist genauso viel „wert" wie eine Belohnung – er kommt nur sekundengenau.

### Einige Grundregeln für das Clickertraining

- Schimpfen oder bestrafen Sie niemals. Die Katze versteht unsere Reaktion nicht und wird nur verängstigt. Clickern bedeutet, nur das *erwünschte* Verhalten zu verstärken, indem wir die Katze belohnen. Ein unerwünschtes Verhalten wird von uns einfach ignoriert – es erfolgt darauf weder Lob noch Tadel!

- Trainieren Sie in ruhiger, entspannter Atmosphäre. Am besten zuerst ganz alleine mit der Katze, in einem Zimmer, in dem sie sich wohl fühlt.

- Belohnen Sie sie mit *wirklichen* Leckerli – d.h. die Katze sollte richtig wild auf die Belohnung reagieren. Frisst die Katze Trockenfutter, ist es nicht ratsam das gleiche Futter als Leckerli zu verwenden. Die Katze kennt das Futter schon und reagiert wahrscheinlich eher gelangweilt darauf. Besorgen wir ihr ein richtiges Leckerli, welches sie begeistert! Das muss nicht teuer sein. Ich kaufe mir dazu ganz dünne Leckerlistangen, die ich in kleine Würfel schneide. Meine Katzen sind ganz verrückt danach. Achten Sie darauf, dass die Leckerlis nicht zu groß sind. Die Belohnung sollte schnell zu fressen sein. Mag die Katze das angebotene Leckerli nicht, lassen Sie Ihrer Kreativität freien Lauf. Es gibt z.B. Tiere, die auf kleine Würfel Gelbwurst stehen. Wichtig ist nur, dass das Leckerli ein *wirkliches* Leckerli ist und sich vom täglichen Futterangebot unterscheidet.

- Clicker für das Clickertraining gibt es in fast jeder Tierhandlung zu kaufen. Da sie meist für Hunde verwendet werden und über eine große Entfernung hörbar sein müssen, sind sie oft recht laut. Einige Katzen erschrecken vor diesem Geräusch. Wir können das Clickgeräusch etwas abdämpfen, wenn wir mehrere Lagen Tesafilm auf die Rückseite des Clickers oder auf den Metallstreifen kleben. Das Geräusch ist dann leiser, wird aber trotzdem gehört. Trainieren wir mit mehreren Tieren, können wir entweder unterschiedliche Clicker verwenden oder einen Clicker, bei dem sich die Tonart verändern lässt. Die Katzen lernen dann, den Clicker zu unterscheiden.

- Bereiten Sie vor dem Training die Leckerlis vor. Am besten geben wir sie dazu in ein Gefäß mit hohem Rand, z.B. in ein leeres Marmeladenglas, und stellen es griffbereit.

- Leben mehrere Tiere im Haushalt, trainieren wir jeweils zuerst das einzelne Tier. Schließen Sie die Tür, damit die Katze während des Trainings nicht durch Partnerkatzen gestört wird. (Verwenden Sie unterschiedliche Clicker!)

- Clicken Sie niemals „einfach so", um Aufmerksamkeit bei der Katze hervorzurufen oder um sie zu locken. Der „Click" soll ausschließlich eine Belohnung für ein gewünschtes Verhalten sein. Er erfolgt stets *nach* der gezeigten Übung und *nie vorher*! Wird z.B. mit dem Clicker gelockt, versteht die Katze nicht mehr den Sinn des Clicks. Alle weiteren Übungen werden dadurch erschwert, wenn nicht sogar unmöglich gemacht. Stellen Sie sich einfach vor, der Click bedeutet so viel wie: „Genau *das* hast du super gemacht!".

### Das Training beginnt!

Während dieses ersten Schrittes ist es wichtig, dass wir nicht gestört werden. Sorgen Sie unbedingt für eine ruhige und entspannte Atmosphäre. Wir legen uns einen Vorrat von ca. 20 Leckerlis bereit und nehmen den Clicker in die Hand. Die Katze sollte zu diesem Zeitpunkt nicht ganz satt sein. Am besten trainieren wir, bevor wir ihr sowieso Futter geben würden. Zeigen Sie ihr kurz die Leckerlis und lassen Sie sie daran riechen. Nun haben Sie ihre Aufmerksamkeit.

Clicken Sie einmal und geben Sie der Katze unmittelbar ein Leckerli. Wir legen es ca. 20cm entfernt von der Katze auf den Boden, damit sie sich bewegen muss, um es zu erreichen.

**Der Click und die Gabe von Futter müssen unmittelbar aufeinander folgen. Das bedeutet, dass wir innerhalb einer Sekunde (!) clicken und das Leckerli geben. Ist der Abstand zwischen Click und Belohnung zu kurz, geht der Click unter, da die Katze nur das Fressen beachtet. Ist der Abstand zu lang, kann das Tier den Zusammenhang zwischen Click und Belohnung nicht erkennen.**

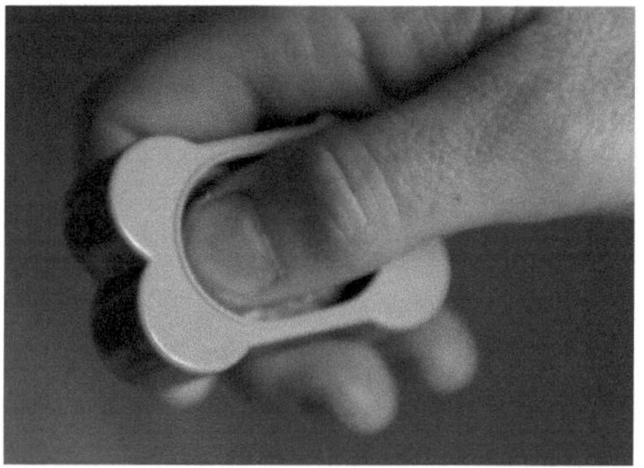

Wir wiederholen den Vorgang (1 Click + Leckerli innerhalb 1 Sekunde) nun so oft wie möglich hintereinander. Zuerst wird immer geclickt, dann erfolgt die Belohnung – nie umgekehrt! (s. Bild S. 11).

Sprechen Sie während dieser Zeit nicht mit Ihrer Katze. Streicheln Sie sie auch nicht. Sie soll sich ganz auf das Lernen konzentrieren können.

Geht die Katze schon nach ein paar Clicks weg, unterbrechen wir das Training und wiederholen die Übung später noch einmal. Das ist also kein Grund dafür, aufzugeben. Einige Katzen bleiben sofort längere Zeit am Ball, andere brauchen dazu etwas länger.

Das Konditionieren auf den Click funktioniert in jedem Fall.

Sogar drei bis sieben Clicks in Folge sind schon ein Erfolg. Üben Sie mindestens drei Mal an diesem Tag.

Mit der Zeit werden Sie merken, dass Sie nun aufmerksamer von Ihrem Liebling beobachtet werden. Die Katze merkt, dass sie gefordert ist und kommuniziert aktiver. Meine Katzen freuen sich inzwischen schon riesig, wenn ich nur den Clicker in die Hand nehme und sie es zufällig bemerken. Sie setzen sich dann vor mich auf den Boden und schauen mich an, als wenn sie es gar nicht mehr erwarten könnten, endlich mit dem Training zu beginnen.

Mein Kater ist generell sehr faul. Er geht kaum nach draußen und bewegt sich nicht viel. Am liebsten liegt er einfach nur ruhig auf seinem Lieblingssofa und döst. Ist hingegen „Clickertime" wirkt er plötzlich wie verwandelt. Seine Augen sind erwartungsvoll geöffnet, er ist hochkonzentriert und sehr eifrig, neue Übungen zu lernen und bereits Gelerntes zu zeigen. Er ist also alles andere als ein fauler Kater! Wird er nicht gefordert, legt er sich natürlich wieder auf seinen Platz. Darf er trainieren, kann er mir zeigen, was er alles kann und wie sehr ihm die Übungen Spaß machen.

### Wenn das Clickertraining nicht funktioniert

Da die Gabe von Leckerlis beim Clickern eine große Rolle spielt, ist es wichtig, dass wir trainieren, wenn die Katze nicht ganz satt ist. In vielen Haushalten haben Katzen immer Zugang zum Futter. Stellen wir deshalb das Fressen 1-2 Stunden vor dem Clickertraining einfach beiseite. Während des Clickertrainings sollte kein Futterangebot vorhanden sein, sonst läuft man Gefahr, dass die Katze das Training abbricht und sich durch einen Gang zum Fressnapf selbst belohnt. Das Wichtigste ist, dass das Tier richtigen Appetit auf seine Leckerlis hat. Dann wird es den Übungen die volle Aufmerksamkeit schenken. Zum Abschluss des Trainings erhält die Katze dann ihr Fressen als Super-Belohnung, als den so genannten „Jackpot".

## Das Erlernen von „Sitz"

*Die Katze geht*

*Die Sitzbewegung*

*Die Katze sitzt*

**CLICK!**

### Die Katze lernt „Sitz"

Das ist eine einfache Übung für den Anfang. Wie gehen wir vor?

Bei der nächsten Clickerübung legen wir uns wieder genügend Leckerlis bereit und nehmen den Clicker zur Hand. Wenn die Katze das nächste Mal nach dem Futter sucht und feststellt, dass nichts im Napf ist, wird sie sich bei uns melden. Sie streicht uns vielleicht um die Beine und miaut.

Nun warten wir einfach ab. Sprechen Sie nicht mit ihr und streicheln Sie sie auch nicht. Wir warten darauf, dass sie sich von sich aus hinsetzt. Das kann natürlich mehrere Minuten lang dauern. Sobald sie sich setzt, clicken wir!

**Achtung: der Zeitpunkt des Clicks ist von entscheidender Bedeutung! Clicken Sie genau während der Bewegung zum Sitz. Clicken Sie zu früh, wird die Katze nicht erkennen, dass Sie clicken, sobald sie sich hinsetzt. Clicken Sie zu spät, wird die Katze die eingenommene Sitzposition nicht mit dem Click in Verbindung bringen können. Clicken Sie also genau während der Sitzbewegung – und geben sie ihr danach sofort ein Leckerli.** (s. Fotoreihe unten)

---

*Belohnung*

**Leckerli!**

Die Katze springt nun vermutlich wieder auf, frisst das Leckerli und läuft wieder aufgeregt um uns herum. Wir warten nun erneut solange, bis sie sich von alleine hinsetzt. Sprechen Sie nicht. Das würde sie nur ablenken. Wir clicken erneut, wenn sie sich gesetzt hat und belohnen sie.

Beginnen Sie mit den Übungen, werden Sie schnell merken, dass die Katze immer mehr Interesse am Training bekommt. Am Anfang werden wir die „Sitznummer" vermutlich nicht so oft in Serie ausführen können. Probieren wir aber die Übung ca. fünf Minuten lang zu wiederholen.

Nutzen Sie dann das Interesse der Katze noch ein letztes Mal: clicken Sie, wenn sie sich setzt und stellen Sie ihr dann den Fressnapf auf den Boden. Das ist der Jackpot, der Hauptgewinn. Warten Sie mit dem Jackpot nicht zu lange. Es ist wichtig, dass die Katze den Jackpot erhält, wenn sie noch richtig aufmerksam ist. Das führt uns gleich zu einer weiteren Regel, die wir beim Clickertraining beherzigen sollten:

**Die Trainingszeit sollte nicht zu lange sein. Üben Sie in dieser Zeit intensiv und nur so lange, wie die Katze konzentriert mitarbeitet.**

## Das Kommando „Sitz" einführen und trainieren

| | | |
|---|---|---|
| *Die Katze geht* | *Die Sitzbewegung* | *Die Katze sitzt* |

**Kommando „Sitz!"**  **Click!**

Nach einigen Wiederholungen werden wir bemerken, dass die Katze uns das gelernte Verhalten aus eigenen Stücken anbietet. Sie wird sich unvermutet vor uns hinsetzen, weil sie gelernt hat, dass es dafür eine Belohnung gibt.

### Einführen des Kommandos „Sitz"

Jetzt ist es an der Zeit, das Kommando „Sitz" einzuführen. Beim nächsten Mal nehmen wir wieder den Clicker und die Leckerlis und warten bis sich die Katze setzt.

Ist sie gerade in der Sitzbewegung, sagen wir laut „Sitz".

Wenn sie sich gesetzt hat, clicken wir und geben ihr die Belohnung (s. Fotos unten). Wiederholen Sie nun diese Sequenz ein paar Mal und geben sie der Katze beim letzten Mal den Fressnapf als Jackpot.

Herzlichen Glückwunsch!

Sie haben der Katze nun das Kommando „Sitz" beigebracht. Um es zu vertiefen, üben Sie mit ihr ca. 2-3 mal pro Tag. Nach einiger Übungszeit können wir „Sitz" sagen und die Katze wird sich auf dieses Kommando hin setzen (Kommando abrufen: s. Fotoreihe auf der folgenden Seite). Wir clicken dann und geben ihr ein Leckerli.

---

*Belohnung*

**⟶**

**Leckerli!**

## Das erlernte Kommando „Sitz" abrufen

*Die Katze geht*

*Die Sitzbewegung*

*Die Katze sitzt*

**Kommando
„Sitz!"**

**Click!**

### Machen Leckerli nicht fett?

Natürlich ist der Gedanke berechtigt. Nach und nach können wir die Belohnung auch durch andere belohnende Dinge ersetzen. Das kann z.B. eine Streicheleinheit sein, wenn sie verschmust ist – oder ein kurzes Spiel mit dem Lieblingsspielzeug.

Außerdem können wir damit anfangen, das Leckerli nicht immer unmittelbar nach dem Click zu geben. Lassen wir ein paar Sekunden Zeit vergehen. So lernt die Katze, dass *der Click selbst* auch schon eine Belohnung ist.

Hauptsache ist, dass dem Click eine Belohnung folgt und dass das Clickern immer zu positiven Erlebnissen führt. Wenn Sie die folgenden Übungen machen, werden Sie merken, dass die Katze nicht jeden Tag gleich gelaunt und lernwillig ist. Sie hat vielleicht einmal keine Lust, etwas zu tun. Trotzdem können Sie sie durch diese leichte Übung (Sitz!) noch einmal dazu überreden und sich das Fressen selbst zu „verdienen".

Wird häufig geübt, sind Leckerlis eigentlich kein Problem, da sie so wieder „abgearbeitet" werden. Eine Katze, mit der regelmäßig trainiert wird, verliert häufig sogar an Gewicht, da sie naturgemäß aktiver wird.

**Leckerli!**

### Das Benennen anderer spontaner Verhaltensweisen

Wie das „Sitz" können wir natürlich auch andere spontane Verhaltensweisen und deren Bewegung trainieren. Dazu gehören: Liegen (Platz), Kauern, Rollen, Springen, Kommen, usf. Es sind natürliche Handlungen, die die Katze täglich spontan ausführt und die wir nur im richtigen Augenblick clicken müssen. Danach beginnen wir wieder damit, ihr durch mehrmaliges Wiederholen zu zeigen, was wir von ihr wünschen. Hat sie es begriffen, geben wir dem Verhalten wieder ein Kommando – z.B. „down!" oder „komm!".

### Die Wahl des richtigen Kommandos

Machen Sie sich am besten am Anfang eine Liste, in der Sie die Kommandos und die entsprechenden Handlungen eintragen. Meine Erfahrung hat gezeigt, dass der Begriff „Platz" oft missverstanden wird, da er dem zischenden Endlaut des „Sitz" sehr ähnlich ist. Wählen Sie deshalb Begriffe als Kommando, die kaum im täglichen Sprachgebrauch vorkommen und die sich deutlich von einander unterscheiden, z.B. „Sitz!" für Sitzen, „Down!" für Hinlegen „Hier!" für Herkommen, „Roll!" für rollen, „Spring!" für Springen.


### Übung für Übung

Wir üben immer nur *ein* neues Kommando und festigen es durch mehrmaliges Wiederholen. Wir schließen also nicht gleich eine neue, noch unbekannte Übung an. Beginnen Sie erst mit einer neuen Übung, wenn das Tier die vorherige gelernt hat. Die Katze kommt sonst leicht durcheinander und bietet einmal das eine, einmal das andere Verhalten auf das gleiche Kommando hin an.

Nach jeder neuen Übung können wir aber wieder eine bekannte abrufen, die die Katze schon beherrscht. Besonders das Kommando „Spring!" macht Katzen besonderen Spaß. Wir lassen sie zum Beispiel auf einen kippsicheren (!) Stuhl springen, clicken, lassen sie herunter springen, clicken und geben das Kommando „Sitz!". Sobald sie sitzt, clicken wir und geben ihr das Fressen als Jackpot. So haben wir eine leichte Abschlussübung, die die Katze gerne und leicht ausführen kann.


### Konsequenz – auch beim Clickern!

Wenn wir sehen, dass die Katze auf den Esstisch springt, werden wir vermutlich schimpfen. Das ist konsequent. Die Katze hat bereits gelernt, dass dieses Verhalten – zumindest während unserer Anwesenheit nicht belohnt wird, sondern von uns nicht erwünscht ist.

Genau so, wie die Katze durch unsere konsequente Reaktion gelernt hat, dass wir es nicht mögen, wenn sie auf den Tisch springt, lernt sie auch beim Clickern besser, wenn wir uns konsequent verhalten. Das bedeutet: Nicht selten zeigen Katzen immer wieder das gleiche Verhalten, z. B. „Sitz", wenn sie es einmal gelernt haben. Sie können beharrlich darauf warten, eine Belohnung dafür zu kassieren. Sie setzen sich also einfach unaufgefordert vor uns hin und schauen uns an. Lassen Sie sich nicht erweichen! Geben Sie nur einen Click, wenn sie auf Ihr Kommando das gewünschte Verhalten zeigt. Nur so lernt die Katze, dass „Sitz" aus eigenen Stücken keine Belohnung einbringt – ein „Sitz", nachdem wir es vorher gesagt haben, hingegen schon. Sie lernt so, dass sie aufmerksam auf das achten muss, was wir sagen – auch dass sich die Kommandos von einander unterscheiden.

Lassen wir uns also nicht dazu verführen, ihr eine Belohnung zu geben, wenn sie *einfach so* eine Übung ausführt. Die Kommunikation mit ihr wird dadurch viel schwieriger.

### Das Shaping

Am Anfang des Clickertrainings stehen grundlegende Übungen, die nur Verhaltensweisen benennen, die Katzen spontan ausführen. Es sind Bewegungen, die wir einfach nur im richtigen Augenblick clicken müssen.

Was aber tun, wenn die Katze eine bestimmte Handlungsweise immer nur ein Mal oder fast nie ausführt?

Dann haben wir den Clicker gerade nicht zur Hand und verpassen den richtigen Augenblick, um ihr zu zeigen, was wir von ihr wünschen. Ein gutes Beispiel hierfür, ist das „Platz" oder „Down". Katzen legen sich eigentlich nur hin, wenn sie dösen oder schlafen möchten. Wird gerade trainiert, denken sie nicht im Traum daran, sich hinzulegen. Das kann dann zur Geduldsprobe für den Trainer werden. Wir können ihr aber zeigen, was wir von ihr wünschen.

Dieses Training wird „Shaping" oder deutsch „Formen" der Handlung genannt.

Beim Shaping wird schon der kleinste Ansatz einer Bewegung geclickt und belohnt. Das funktioniert dann in der Praxis so:

Die Katze will sich eigentlich nicht hinlegen und sitzt vor uns. Nachdem wir einige Zeit gewartet haben, ohne dass wir etwas sagen oder auf etwas reagieren, wird ihr es vermutlich zu langweilig werden – sie will sich hinkauern. Sobald sie den Kopf nach unten senkt, um eine Liegeposition einzunehmen, clicken wir und geben eine Belohnung. Wir warten nun erneut, bis sie diesen Ansatz zeigt – nur etwas länger. Die Katze muss nun die Bewegung deutlicher ausführen, um den Click zu erhalten, z.B. sollte sie die Vorderfüße schon etwas einziehen, um zu kauern. Nun warten wir erneut und belohnen mit den folgenden Clicks jeweils die stückweise Annäherung an das Liegen. Irgendwann liegt die Katze ganz. Sie führt die Handlung am Stück aus. Wir clicken und geben ihr den Jackpot!

Wir haben nun perfekt mit der Katze kommuniziert. Sie hat durch viele Wiederholungen verstanden, welches Verhalten von uns erwünscht ist.

Wir wiederholen in der darauffolgenden Trainingseinheit diese
Übung. Sollte die Katze nicht sofort die gewünschte Bewegung zeigen, nähern wir uns wieder durch Shaping an die endgültige Bewegung an. Sie werden merken, dass die Katze nun schon schneller be-
greift, welche Handlung sie ausführen muss, um belohnt zu werden.
Nach einigen Trainingseinheiten wird sie die Bewegung ausführen,
ohne dass wir das Shaping anwenden müssen. Nun können wir wieder damit beginnen, ein Kommando für die Handlung einzuführen
– und haben einen neuen Trick mit ihr eingeübt.

Alleine mit diesen zwei Methoden können wir der Katze etliche
Tricks beibringen. Anregungen dazu finden Sie weiter hinten in die-
sem Buch. Die Tricks bestehen teilweise aus einfachen Übungen und
aus kompletten Handlungsabläufen, wie z.B.: „die Katze steigt eine
Haushaltsleiter nach oben" oder „die Katze betätigt einen Schalter".
Wie können wir die Katze aber dazu bringen, über eine Dachlatte zu
balancieren, die über zwei Stühlen liegt?
Die Katze kann schon Kommandos wie „Komm!" oder „Sitz!".
Aber wie bringen wir ihr bei, durch einen Reifen zu springen? Die
Lösungen heißen „Verhaltensketten" und „Targettraining". Sie wer-
den in den nächsten Kapiteln beschrieben.


**Verhaltensketten**

Eine Verhaltenskette ist eine Aneinanderreihung von unterschiedlichen Bewegungen, die dann, wenn sie einmal gelernt sind, alle
nacheinander in einer „Kette" ausgeführt werden. Typische Beispiele
hierfür sind:

-   Die Katze kommt, springt auf einen Hocker, setzt sich und schaut
    den Trainer an.

-   Die Katze geht in ihren Katzenkorb, legt sich dort hin und wartet.

Jeder dieser Bewegungsabläufe besteht aus vielen einzelnen Handlungen. In unserem ersten Beispiel wären das:


    1.    Kommen
    ↓
    2.    Auf einen Hocker springen
    ↓
    3.    Sich setzen
    ↓
    4.    Den Trainer anschauen


Der Katze haben wir schon Kommen, Springen und Sitzen beigebracht? Gut! Wenn nicht, sollten wir das schnellstens nachholen, bevor wir mit dieser Übung beginnen. Denn jetzt beginnt die Stunde für fortgeschrittene Katzen!

Bei allen Verhaltensketten ist es wichtig, am Schluss der Übung zu beginnen. Denn am Schluss erhält die Katze den Click. Der Schluss ist deshalb das wichtigste Element der Übung für die Katze. In unserem Beispiel würde ein Training dieser Sequenz also folgendermaßen aussehen:

1. Wir trainieren das Anschauen des Trainers.
   Wenn die Katze uns direkt in die Augen schaut, klicken wir und üben diesen Blick ein.
   Nun belegen wir ihn mit einem Kommando, z.B. mit „look!"
   (Sie wundern sich vielleicht, dass ich des Öfteren englische Kommandos verwende. Sie haben den Vorteil, dass sie sich im Klang von der deutschen Sprache unterscheiden und im allgemeinen Sprachgebrauch kaum vorkommen. Das würde die Katze nur irritieren. Die Kommunikation zwischen der Katze und dem Trainer besteht mit der Zeit aus einem kleinen Wortschatz. Dieser sollte nur für die Beiden reserviert sein).

2. Nach dem Training des Befehls „look!", beginnen Sie das nächste Training mit dem Befehl „Sitz!". Wir clicken jedoch nicht schon, nachdem sich die Katze gesetzt hat, sondern sagen „look!". Die Katze sitzt nun bereits und schaut uns an. Jetzt bekommt sie den Click und ein Leckerli. Sie hat nun bereits zwei Kommandos in Reihe ausgeführt.

3. Beim nächsten Training stellen wir noch das dritte und vierte Kommando voran: „Komm und spring!" Ihre Katze kommt und springt auf den Hocker. Wir sagen nun: „Sitz!", sie wird sich setzen und wenn sie noch nicht automatisch zu uns schaut, sagen wir „look!" und clicken, wenn sie die Übung beendet hat.

4. Nach einigen Wiederholungen der immer gleichen Sequenz wird die Katze automatisch kommen, auf den Hocker springen, sich setzen und sich uns zuwenden. Alles was wir jetzt noch tun müssen, ist, der Sequenz einen Namen zu geben, z.B.: „Auf den Stuhl!".

5. Nach einiger Übung wird die Katze bei diesem Kommando nun die komplette Handlungskette ausführen.


**Das Targettraining**

Übersetzt heißt „Targettraining" ungefähr so viel wie: „Ziel-Training". Mit dieser Trainingsmethode wird es möglich, der Katze z.B. beizubringen, durch einen Reifen zu springen, eine bestimmte Route zu begehen oder ein Hindernis zu meistern. Sehen wir uns Tricks mit Raubkatzen im Zirkus an, werden diese hauptsächlich mittels eines Targets ausgeführt. Der Dompteur trägt neben der Peitsche in der anderen Hand einen Stock – das Target. Er dient der Katze quasi als Wegweiser. Für eine Hauskatze benötigen wir natürlich keinen Stock, sondern eher ein Stäbchen. Ideal ist ein Teleskopzeigestab. So können wir die Länge des Stabs immer den Gegebenheiten anpassen. Die Spitze dieses Stabs ist also genau genommen das Ziel und die Katze wird ihr folgen. Wie funktioniert das?

Wir nehmen den Stab zur Hand und reiben an dessen Spitze etwas Leckerli, so dass er sehr appetitlich riecht. Den Clicker nehmen wir in die andere Hand. Wir halten das Target etwas entfernt vor sie. Die Katze schnuppert den angenehmen Duft und wird an der Spitze des Targets riechen. Clicken Sie, wenn sie mit der Nase ganz nah am Target ist oder wenn sie es berührt – das wäre die beste Ausführung.

Vergessen Sie nicht, sie natürlich nach jedem Click mit einem Leckerli zu belohnen.

Da es etwas schwierig ist, Leckerli, Clicker und Target zu halten, gibt es mittlerweile Clicker mit einem angebrachten Target. So haben wir wieder eine Hand frei.

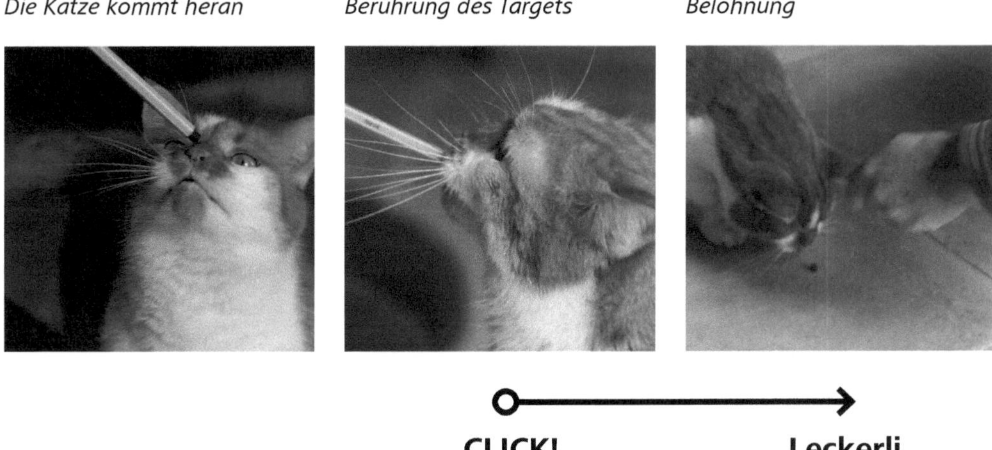



Wir wiederholen die Übung, indem wir das Target weiter entfernt halten. Kommt die Katze heran und schnuppert an der Spitze? Dann wieder ein Click! Wir halten das Target vor sie und bewegen es von ihr weg. Folgt die Katze dem Target, gibt es wieder einen Click. Nun steigern wir die Bewegung immer weiter, solange, bis die Katze gelernt hat, dass sie dem Target folgen soll.

Nun können wir üben, Hindernisse zu meistern. Wir lassen sie z.B. auf ein Sofa springen und darauf noch einen Meter gehen – Click! Wir lassen sie über ein Brett balancieren, das wir als Brücke über zwei Stühle gelegt haben – Click!

Die Übungen finden Sie weiter hinten im Buch. Nun können wir diese Sequenz wieder in Verhaltensketten einbauen. Ein Trick könnte z.B. dann so aussehen: Die Katze springt auf den Stuhl, balanciert über das Brett zum nächsten Stuhl und setzt sich dort hin – Click! Der Phantasie sind dabei keine Grenzen gesetzt. Die hier beschriebenen Übungen geben deshalb nur einen Bruchteil dessen wieder, was wir der Katze mit dem Clickertraining alles beibringen können.

**Folgendes sollten Sie beim Training berücksichtigen**

- Seien Sie geduldig – mit sich und vor allem mit dem Tier! Manchmal sind wir vom Eifer gepackt und überfordern die Katze. Sie hat das eine Kommando kaum gelernt und soll nun schon eine ganze Sequenz zeigen. Üben wir deshalb etwas Nachsicht: Sobald die Katze nicht mehr weiß, wie es in einer Übung weiter geht, unterbrechen wir die Sequenz und fangen wieder dort an, wo die Katze weiß, was sie tut und die Übung beherrscht. Dann üben wir von diesem Punkt aus wieder weitere Elemente ein.

- Beenden Sie das Training immer mit einem positiven Erlebnis, z.B. mit einer Übung, die sie besonders gerne ausführt und belohnen Sie sie mit dem Jackpot.

- Üben Sie an unterschiedlichen Orten. Katzen sind sehr auf ihre Umgebung fixiert. Es kann deshalb gut sein, dass der Befehl „Sitz!" im Wohnzimmer perfekt ausgeführt wird, in der Küche jedoch nicht. Geben Sie der Katze in diesem Fall etwas Zeit und üben Sie auch die grundlegenden Kommandos an verschiedenen Orten.

- Üben Sie eine Sequenz mit Hindernissen, verändern Sie deren Aufbau und Position während des Trainings nicht! Die Katze muss den genauen Handlungsablauf lernen und es verwirrt sie, wenn am Tag darauf, plötzlich die Möbel wieder an anderen Orten stehen.

- Reden, schreien und schimpfen Sie nicht! Erstens versteht die Katze überhaupt nicht, was sie ihr sagen wollen, zweitens verschüchtern Sie sie damit nur und riskieren, dass sie Angst vor dem Training bekommt. Das wäre das Schlechteste, was überhaupt passieren kann. Deshalb: Ignorieren Sie ein Fehlverhalten der Katze einfach und kommentieren Sie es nicht. Loben Sie dafür alles, was sie richtig macht (Click!).

- Achten Sie darauf, dass die Katze beim Training nicht abgelenkt oder gestört wird. Besitzen Sie mehrere Katzen, trainieren Sie nur getrennt, bis beide die Kommandos perfekt beherrschen. Dann können Sie sie auch gemeinsam die Übungen ausführen lassen.

- Hat die Katze Schwierigkeiten damit, eine bestimmte Bewegung zu zeigen – sie betritt z.B. nicht das zwei Stühle überspannende Brett, um darauf zu balancieren – können Sie genau dieses Verhalten mittels Shaping einüben. In diesem Fall clicken Sie also, wenn sich die Katze dem Brett nur nähert, wenn sie eine Pfote darauf setzt und wenn sie schließlich das Brett betritt und auf ihm entlang läuft. So lernt sie im Verlauf der Übung, was genau von ihr gewünscht wird.
  **Die Katze verfügt immer über die Fähigkeit, das Hindernis zu meistern – sie hat nur nicht verstanden, was wir genau von ihr wünschen. Es liegt nur an uns, uns so verständlich wie möglich auszudrücken, damit unsere „Sprache" verstanden wird.**

- Es hat sich gezeigt, dass es einfacher ist, sich in vielen, ganz kleinen Schritten dem Ziel zu nähern – vielleicht sogar über einen Umweg. Eine zu schnelle Vorgehensweise erlaubt der Katze nicht, zu erkennen, welche Bewegungen von ihr gefordert werden. Das verursacht wiederum Frust beim Trainer, da die Katze in seinen Augen nie das macht, was er erreichen will. Das Training wird so zu einer ehrgeizigen Angelegenheit, die keinen Spaß mehr macht – weder dem Tier noch dem Trainer.

**Nun haben wir die Grundelemente des Clickertrainings kennen gelernt**

1. Die Katze wird auf den Click konditioniert
   (Der Click wird gelernt)

2. Spontanes Verhalten wird geclickt
   (Die Katze lernt z.B. Sitz!)

3. Komplizierte Bewegungen und Abläufe können mit „Shaping" trainiert werden

4. Bewegungssequenzen oder Verhaltensketten werden durch eine Aneinanderreihung von einzelnen, einstudierten Bewegungen trainiert, wobei auch wieder Shaping eingesetzt werden kann.

Die folgenden Übungen gliedern sich in spontane Verhaltensweisen, die sofort eingeübt werden können und reichen bis zu komplexen Handlungsabläufen, die einige Vorarbeit (Training einzelner Verhaltensstrukturen) bedürfen.

Beginnen Sie das Training auf jeden Fall mit einfachen Übungen und üben Sie auch immer wieder die grundlegenden Kommandos. Sie machen der Katze Spaß, da sie bereits verinnerlicht wurden und schnell abrufbar sind.

Überfordern Sie die Katze nicht! Sie braucht Zeit, um zu lernen. Ungeduld und Unbeherrschtheit des Trainers ist Gift für das Clickertraining. Bemerken Sie einen „genervten" Zustand an sich, brechen Sie das Training sofort ab! Die Grundstimmung beim Training muss immer positiv sein. Auch bringt es wenig, sich selbst darüber zu ärgern, dass die Katze nicht genau das ausführt, was von ihr erwünscht ist. Die Schuld ist in diesem Fall nur beim Trainer zu suchen. Hat er genug wiederholt? Wurden kleine Details genügend trainiert? Wurde auch ausgiebig belohnt?

Ein guter Trainer geht bei einem Misserfolg immer wieder eine Stufe zurück und beginnt mit einfachen Übungen. Das Tier kann so wieder Erlerntes zeigen und fühlt sich nicht verunsichert. Das Training endet so nicht im Frust! Auf keinen Fall sollten wir nach einer missratenen Übung einfach clicken und Futter verteilen! Das ist kontraproduktiv. Es belohnt einen völlig undefinierten Zustand und das Training macht einen großen Rückschritt. Der Click selbst wird so für die Katze nicht das Element der Belohnung, sondern verschwindet in einer Grauzone, die keine Kommunikation mehr zulässt.

Möchten wir das Training so schnell wie möglich beenden, rufen wir immer ein altbekanntes Kommando ab. Erst nach dessen Ausführung clicken wir und geben der Katze den Jackpot. Somit wird jedes Training zu einem positiven Ende geführt und die Katze wird wieder trainieren wollen. Es gibt beim Training nichts Schlechteres als wenn Katze und/oder Trainer während des Trainings die Lust an den Übungen verlieren. Ein Trainer kehrt deshalb immer wieder regelmäßig zu Übungen zurück, die das Tier mag und an denen es zeigen kann, dass es perfekt agiert. Das macht beiden Spaß, der Katze und dem Trainer. Besuchen Sie eine Zirkusvorstellung, werden Sie diese Handlungsweise sehr gut beobachten können. Misslingt einmal eine Übung, wird sie noch einmal wiederholt. Misslingt sie wieder, wird eine bekannte Übung ausgeführt und die gesamte Darbietung zu einem positiven Ende gebracht. Noch nie habe ich gesehen, dass ein Trainer nach einer fehlgeschlagenen Übung die Tiere aus der Manege geschickt hat. Sie dürfen hingegen noch einmal zeigen, dass sie die Übungen beherrschen. Das Misslingen einer Übung ist demnach nur ein Hinweis für den Trainer, ein bestimmtes Detail noch einmal intensiver zu üben.

Es hat sich gezeigt, dass es sehr hilfreich sein kann, ein Trainingstagebuch zu führen. Hier können wir notieren, wann, was und wie oft wir trainiert haben. Nach ein paar Wochen können wir zurückblättern und den Fortschritt erkennen – oder auch eine schon länger nicht mehr durchgeführte Übung wieder auffrischen.

Bei jeder der folgenden Übungen ist aus diesem Grund etwas Raum für Ihre Notizen vorgesehen. Machen Sie Gebrauch davon!

## Tricks und Kunststücke

Bevor Sie mit dem Training beginnen, sollten Sie die Seiten 5-31 gelesen und verinnerlicht haben. Zudem sollten Sie das Tier bereits auf den Clicker konditioniert und ihm das Kommando „Sitz" beigebracht haben. Das Training komplexerer Handlungsabläufe baut oft auf kurzen Einzelhandlungen auf. Deshalb ist es nicht möglich, gleich mit einer „schweren" Übung zu beginnen. Das würde nur im Frust für Trainer und Tier enden.

Abfolge und Zusatzinformationen sind bei jeder Übung teils mit Querverweisen angegeben. Lesen Sie deshalb auch die Querverweise. Nur so erhalten Sie die umfassenden Informationen, die für die jeweilige Übung notwendig sind.

## Und das Wichtigste bei allen Übungen

Lassen Sie der Kreativität freien Lauf! Sie können Übungen bedenkenlos abwandeln, ergänzen oder abkürzen. Gestalten Sie Ihre eigenen Übungen!

Es gibt unendlich viele Möglichkeiten sich mit Ihrer Katze zu beschäftigen. Clickertraining ist nur eine davon. Lassen Sie Streicheleinheiten, Spiel und Spaß mit Ihrer Katze nicht zu kurz kommen!

**Das Medical Training**

Jede Katze muss ab und zu zum Tierarzt. Nicht nur das ist für die meisten Katzen (und für deren Halter) mit großem Stress verbunden.
Eine eigentlich einfache Angelegenheit, wie z.B. das Verabreichen einer Tablette oder das Entfernen einer Zecke, kann in einen regelrechten Kampf zwischen dem Tier und seinem Halter ausarten. Die Katze sträubt sich und beginnt, sobald sie festgehalten und untersucht wird, aus Angst zu kratzen und zu beißen. Sie wird dann losgelassen und der Stress beginnt von neuem. Als letzte Konsequenz bleibt manchen Besitzern dann nur noch der Besuch beim Tierarzt. Dafür muss die Katze in den Katzentransportkorb und meist eine Autofahrt erdulden. Sie steht erneut stark unter Stress – ganz abgesehen von der Aufregung im Wartezimmer und im Behandlungsraum.

Hier hilft das Medical Training weiter. Es wird besonders in zoologischen Gärten angewendet, um Stresssitutationen und damit verbundene Gefahren für Tiere, Pfleger und Tierärzte bei Untersuchungen und kleineren Behandlungen auf ein Minimum zu reduzieren.
Die empfindlichen Fußsohlen von Elefanten werden so täglich ohne Stress untersucht und Seehunden, die oft unter Bindehautentzündung leiden, werden auf diese Art spielerisch Augentropfen verabreicht.

Wie funktioniert das?
Das natürliche Verhalten dieser Tiere wäre eher die Ablehnung der Untersuchung oder der Behandlung. Wildtiere reagieren immer mit Flucht oder Aggressivität, sobald sie sich in die Enge gedrängt fühlen – oder ihnen gar etwas aufgezwungen wird. Das Medical Training bei einem Seehund sieht dann z.B. wie folgt aus:

- Der Seehund wird vom Pfleger gerufen. Er kommt auf Kommando und wird belohnt.
- Das Stillhalten des Seehunds wird belohnt.
- Der Pfleger tastet den Körper des Tiers ab, seinen Kopf, seine Ohren und kontrolliert seine Augen. Anschließend erhält er wieder einen Fisch als Belohnung.
- Nun erfolgt ein Spiel, das dem Seehund ganz besonders Spaß macht: Ein Spielzeug wird ins Wasser geworfen und er darf es holen. Nun erhält er den Jackpot, bestehend aus mehreren Fischen. Die Übung ist beendet.

Für den Seehund in unserem Beispiel ist das Medical Training ein Spiel wie jedes andere auch. Er zeigt ein gewünschtes Verhalten und wird dafür belohnt.

Kommt es nun wirklich einmal zu einer Behandlungssituation, wird der Pfleger das Tier spielerisch zum gewünschten Verhalten bringen, die Behandlung wird durchgeführt und das Tier erhält seine Belohnung. Es hat wahrscheinlich den schnellen Eingriff noch nicht einmal bemerkt – z.B. kann der Pfleger so im Spiel die Augentropfen verabreichen.

Bei den erwähnten Elefanten wird so täglich geübt, jeden Fuß hochzuheben und ihn dem Pfleger zu zeigen. Er belohnt das Verhalten und kann so eine Verletzung sofort bemerken und behandeln. All das geschieht ohne Zwang und Stress. Die Tiere lernen, dass eine Berührung oder ein bestimmter Handlungsablauf ein Spiel ist – und nicht eine *besondere* Untersuchung, die ihnen aufgezwungen wird.

Und genau das können wir mit unserer Katze auch trainieren.

Medical Training für eine Katze könnte z.B. folgende Übungen enthalten:

- Übung der Akzeptanz der Fellpflege
  (z.B. Bürsten oder Zecken entfernen)
- Übungen zur Untersuchung von Maul, Augen und Ohren
  (z.B zur Kontrolle auf Zahnstein oder Ohrmilben)
- Pfoten und Krallenkontrolle
  (z.B. zur Untersuchung auf Verletzungen)
- Das Maul öffnen
  (z.B. zur Verabreichung einer Tablette)
- Stillhalten beim Abtasten
  (z.B. bei einer Untersuchung)
- Freiwilliges Einsteigen in den Katzentransportkorbs, usf.

Die für das Medical Training empfehlenswerten Übungen sind gekennzeichnet. Mit diesen Übungen können Sie sofort beginnen und sie immer wieder während Ihres täglichen Trainings routinemäßig ausführen. Für eine so trainierte Katze wird es dann ganz normal und stressfrei sein, zufällig einmal eine Entwurmungstablette zu schlucken oder einmal ein kurzes Ziepen zu ertragen, wenn tatsächlich eine Zecke während des Trainings entfernt wird.

Medical Training lohnt sich also und erlaubt einen stressfreien Umgang mit der Katze. Die Übungen sind unter Mitarbeit einer Tierärztin entstanden, die grundlegende Untersuchungs- und Behandlungsroutinen aus dem Arbeitsalltag beigesteuert hat.

Die regelmäßige Untersuchung der Katze durch ihren Halter hilft zudem Krankheiten schon im Anfangsstadium zu erkennen. Sonst wird Zahnstein oft erst dann erkannt, wenn die Katze vor Schmerzen kaum noch fressen kann. Wird er hingegen früher entfernt, wird der Katze eventuell eine Zahnfleischentzündung oder gar der Verlust von Zähnen erspart. Beim Abtasten des Körpers lassen sich Umfangsvermehrungen, Schmerzhaftigkeiten oder sonstige Veränderungen, wie Verletzungen und Parasiten, erfühlen. In diesem Fall kann die Katze sofort zur genaueren Untersuchung zum Tierarzt gebracht werden.

## Beispielhaftes Medical Training (Berührungen und Untersuchungen, die spielerisch in das Training eingebunden werden.

*Das Ohr wird berührt und etwas umgeklappt*

*Abtasten des Tiers: (z.B. Haut auf Verletzungen überprüfen)*

*Eine Stelle wird genauer inspiziert (z.B. wegen einer Zecke)*

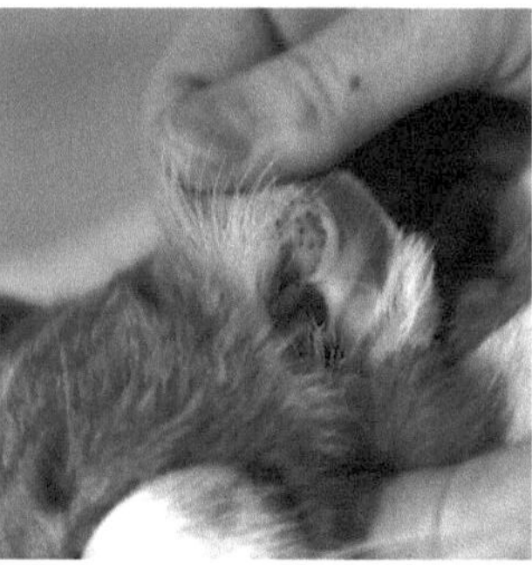
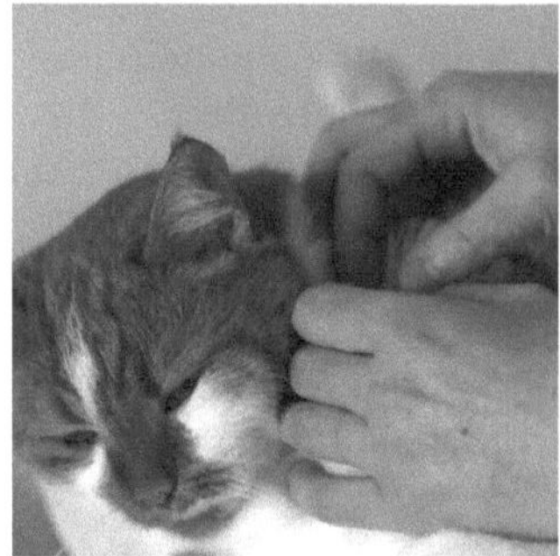
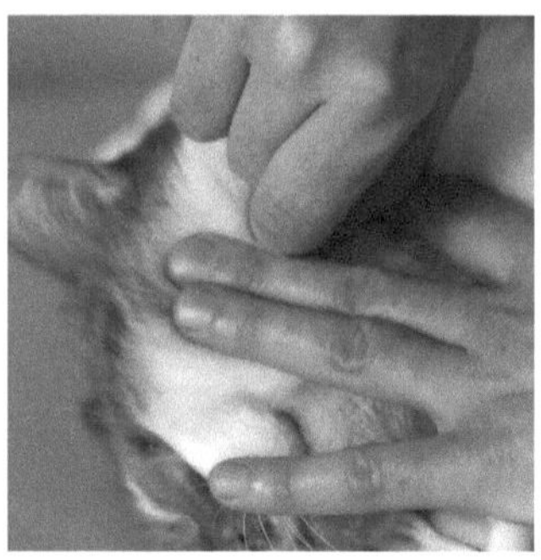

## z.B. Kommando „Bleib!"

Zusätzlich zum Medical Training sind weitere Übungen für Problemfälle aufgezeigt. Dazu zählen z.B.

-   sich anfassen und hochheben lassen
-   diverse Ängste abbauen
-   nicht an Möbeln kratzen
-   die Katzentoilette benutzen, etc.

Die meisten dieser Übungen werden Sie vermutlich nicht benötigen, da die Katze diese Verhaltensformen schon gelernt hat. Kommt hingegen eine neue Katze hinzu – z.B. eine Katze aus dem Tierheim mit ungewisser Vergangenheit – kann es hilfreich sein, mit dem Clickertraining schneller Vertrauen zu ihr aufzubauen.

---

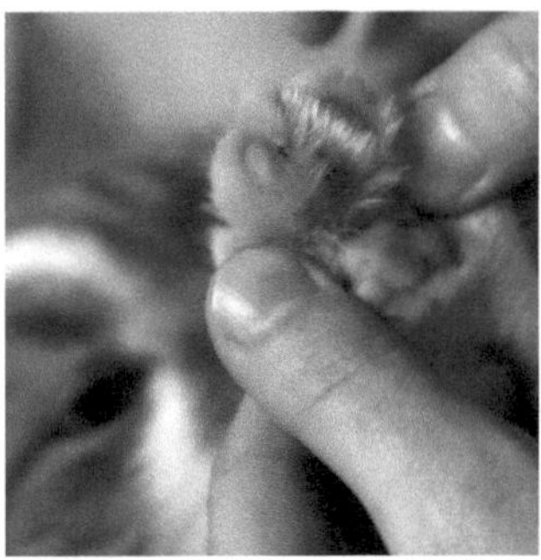

*Die Pfoten werden kontrolliert (z.B. auf Fremdkörper)*

*Die Augen werden kontrolliert*

*Das Maul wird zur Kontrolle der Zähne etwas geöffnet*

**Click!
und Belohnung**

## Handlung

Die Katze setzt sich hin.

## Training

Das spontane Verhalten der Katze wird geclickt.

## Vorgehensweise

Wir achten auf das spontane Verhalten der Katze. Setzt sie sich, clicken wir während der Bewegung zum Sitz. Dann wiederholen wir die Übung und warten mit dem Click, bis sie sich ganz gesetzt hat. Nach einigen Wiederholungen belegen wir die Bewegung mit einem Kommando, z.B. „Sitz".

## Besonderheiten

Wir sprechen während des Trainings nicht mit der Katze und fassen sie nicht an. Jede Ablenkung stört das Lernvermögen. Es bringt absolut nichts, die Katze mit der Hand hinten herunterzudrücken, bis sie sitzt und dann zu clicken. Sie versteht auf diese Art nicht, was gemeint ist. Haben Sie einfach Geduld und warten Sie auf den richtigen Augenblick!

### Handlung
Die Katze geht in Kauerstellung.

### Training
Das spontane Verhalten der Katze wird geclickt. Ist dies nicht möglich, kann Shaping eingesetzt werden.

### Vorgehensweise
Wir achten auf das Verhalten der Katze. Kauert sie sich hin, clicken wir, während sie die Handlung spontan zeigt. Ist dies nicht möglich, warten wir, bis sie das kleinste Anzeichen des Hinlegens zeigt (Click!). Durch Shaping können wir nun diese Bewegung immer stärker ausarbeiten, bis die Katze schließlich kauert.

### Besonderheiten
Es ist manchmal eine Geduldsprobe für den Trainer, den richtigen Moment abzupassen. Aber gerade bei dieser Übung zahlt sich Beharrlichkeit aus. Katzen verwechseln gerne die zischenden Endlaute von „Sitz" und „Platz". Sie machen es der Katze etwas leichter, wenn Sie zwei vollkommen unterschiedliche Begriffe als Kommandos verwenden, z.B. „Sitz" und „Down".

### Handlung
Die Katze legt sich auf die Seite.

### Training
Das spontane Verhalten der Katze wird geclickt. Ist dies nicht möglich, kann Shaping eingesetzt werden.

### Vorgehensweise
Wir achten auf das Verhalten der Katze. Legt sie sich auf die Seite, clicken wir während sie es spontan ausführt. Ist dies nicht möglich, warten wir, bis sie das kleinste Anzeichen des Hinlegens zeigt (Click!). Durch Shaping können wir nun die Bewegung immer stärker ausarbeiten, bis die Katze schließlich auf der Seite liegt.

### Besonderheiten
*Liegen* heißt nicht gleich *Liegen*. Definieren Sie das Liegen deshalb genau in „Kauern" und „Liegen". Da die Katze vermutlich gerne trainiert und stark konzentriert ist, widerspricht diese Handlung eigentlich ihrer natürlichen Verhaltensweise. Es kann deshalb viel Übung notwendig sein. Wir trainieren immer nur ein Kommando, „Liegen" oder „Kauern" während einer Trainingseinheit. Das macht es einfacher.

### Handlung
Die Katze kommt auf Zuruf.

### Training
Das spontane Verhalten der Katze wird geclickt.

### Vorgehensweise
Bei dieser Übung ist es zu empfehlen, den Namen der Katze gleich mitzuverwenden. So lernt sie gleichzeitig auf ihren Namen zu hören. Wir locken sie einfach. Kommt sie heran, clicken wir. Natürlich können Sie die Übung auch durch Shaping erreichen.

### Besonderheiten
Die Übung ist besonders lustig, wenn Sie sich dazu irgendwo in der Wohnung verstecken und die Katze sie suchen muss. Hat sie Sie gefunden, gibt es einen Click und ein Leckerli und das Spiel kann von vorne beginnen. Haben Sie Katzen, die ins Freie gehen, können Sie natürlich auch deren Heimkommen trainieren. Da Katzen ein sehr gutes Zeitgefühl haben, können wir so z.B. auch abends die Katze rufen, damit sie nicht herumstreunt. Erhält sie jedes Mal um die gleiche Zeit einen Click und einen Jackpot, wird sie schnell lernen, was von ihr gewünscht wird und fast immer rechtzeitig kommen.

### Handlung
Die Katze schaut aufmerksam, wenn sie ihren Namen hört.

### Training
Das spontane Verhalten der Katze wird geclickt. Ist dies nicht möglich kann Shaping eingesetzt werden.

### Vorgehensweise
Schaut die Katze, wenn ihr Name genannt wird, erhält sie einen Click. Genauso kann auch gleich ein Kommando angeschlossen werden, z.B. „Miezi komm!" oder „Miezi spring!".

### Besonderheiten
Durch die Nennung des Namens kann zwischen mehreren Katzen unterschieden werden. Wird z.B. mit zwei Katzen gleichzeitig trainiert, kann die eine warten, während die andere eine Übung ausführt. Anschließend erhalten beide Tiere eine Belohnung – denn das Warten wird natürlich auch belohnt.
Um Übungen für die eine und die andere Katze besser zu unterscheiden, empfiehlt sich die Verwendung von zwei unterschiedlichen Clickern. Die Katzen lernen, dass ein bestimmter Click nur ihnen gilt. Für diesen Zweck gibt es im Fachhandel Clicker, die sich mit einem Schalter in der Tonart verstellen lassen.

**Handlung**
Die Katze springt auf einen Stuhl oder herunter.

**Training**
Das spontane Verhalten der Katze wird geclickt oder mittels Targettraining eingeübt.

**Vorgehensweise**
Dies ist eine einfache Übung, um das Targettraining zu beginnen. Wir halten das Taget über den Stuhl und warten bis die Katze springt. Wir clicken genau während des Sprungs. So lernt die Katze, dass der Sprung das geforderte Element ist. Springt sie wieder herunter, clicken wir erneut.

**Besonderheiten**
Katzen springen sehr gerne. Deshalb ist das eine Übung, die wir bei jeder Trainingseinheit abrufen können. Sie macht Spaß und der Erfolg ist garantiert. Außerdem kann die Übung in Verhaltensketten eingebunden werden. So kann die Katze z.B. zuerst auf den Stuhl springen und erst, wenn sie sich gesetzt hat, erhält sie den Click (s. Bild unten). Nun haben Sie die Verhaltenskette „Auf den Stuhl!", der zwei Handlungen „Springen" und „Sitzen", eingeübt.

### Handlung
Die Katze springt von Stuhl zu Stuhl.

### Training
Das spontane Verhalten der Katze wird geclickt oder mittels Targettraining eingeübt.

### Vorgehensweise
Haben Sie Übung Nr. 6 eingeübt, wird der Katze nicht schwer fallen, diese Übung auszuführen. Zeigt sie nicht sofort das gewünschte Verhalten, kann mittels Target die Richtung vorgegeben werden.

### Besonderheiten
Achten Sie besonders darauf, dass Sie Stühle verwenden, die nicht zu glatt sind und keine rutschenden Polster haben. Sie müssen außerdem kippsicher sein.
Eine Katze, die während der Ausführung einer solchen Übung „verunglückt", bekommt unnötig Angst und wird in Zukunft nicht ohne Zögern springen. Manche Katzen verweigern es aus diesem Grund, die Übung überhaupt noch einmal zu zeigen. Befestigen Sie deshalb alle Polster und sorgen Sie für ein sicheres Training, bei dem keine herunterfallenden oder kippgefährdeten Gegenstände Schrecken verursachen können.

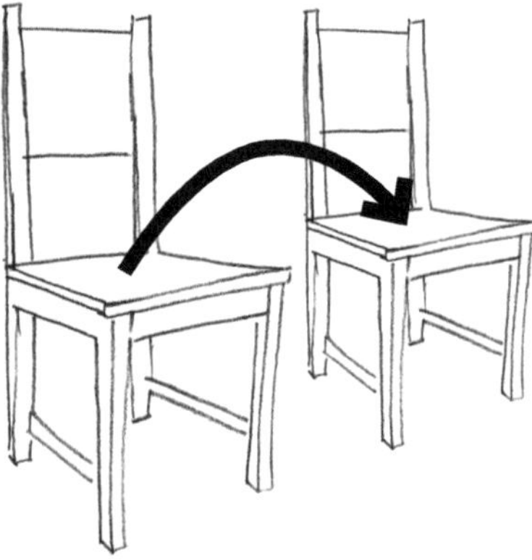

### Handlung
Die Katze schaut uns gespannt an.

### Training
Mit Übung Nr. 5 beginnen und dann die Dauer des Blicks mit Shaping verlängern.

### Vorgehensweise
Wir clicken erst, wenn die Katze zu uns schaut. Dann verlängern wir den Abstand zwischen dem Herschauen und dem Click.

### Besonderheiten
Im natürlichen Verhalten der Katzen ist ein starrer Blick eine Provokation. Achten Sie deshalb darauf, während der Übung nicht direkt zurückzustarren. Das könnte die Katze verunsichern. Blinzeln Sie langsam. Das wirkt eher beruhigend.

### Handlung
Die Katze rollt sich über den Rücken

### Training
Das spontane Verhalten der Katze wird geclickt. Ist dies nicht möglich, kann Targettraining eingesetzt werden.

### Vorgehensweise
Ausgangsposition für das Targettraining ist das Liegen auf der Seite (Übung Nr. 3). Wird das Target an den Rücken der Katze geführt, rollt sie sich über den Rücken. Click!

### Besonderheiten
Sie können das gewählte Kommando zusätzlich durch ein Handzeichen unterstützen (z.B. Kreisen mit der Hand). Viele Katzen können so die Kommandos schneller abrufen.

### Handlung
Die Katze steht vor dem Trainer und dreht sich dann um die eigene Achse

### Training
Mittels Targettraining und Shaping

### Vorgehensweise
Ausgangsposition für das Targettraining ist, wenn die Katze vor uns steht. Wir nehmen das Target und bewegen es im Kreis um sie herum. Hat sie sich einmal gedreht, erhält sie einen Click. Natürlich können wir das Drehen auch durch Shaping erreichen: Blick nach rechts (Click!), Kopf weiter nach rechts (Click!), immer weiter nach rechts (Click!), usf. bis die Katze sich einmal um sich selbst gedreht hat.

### Besonderheiten
Da sich die Katze, entgegen anderen Übungen, von uns wegbewegen muss, ist es am Anfang vielleicht nicht so einfach für sie, das zu verstehen. Wenn das Training einmal zu keinem gewünschten Ergebnis führt, brechen wir es rechtzeitig ab, rufen ein bekanntes Kommando ab und beenden das Training positiv.
Das Shapen bei dieser Übung kann mehrere Anläufe erfordern. Haben Sie Geduld!

### Handlung
Die Katze hebt die Pfote

### Training
Shaping, evtl. mit Target

### Vorgehensweise
Ausgangsposition für das Shaping ist das Sitzen (Übung Nr. 1). Wir nehmen ein Leckerli und führen es seitlich an der Katze nach oben. Sie wird vermutlich schon die Pfote heben. Tut sie das noch nicht oder springt auf, wiederholen wir die Übung. Wir beginnen immer mit „Sitz". Wir können auch das Target verwenden, um das Trainingsziel zu erreichen. Es ist alles erlaubt, was der Katze weiterhilft, die geforderte Handlung zu verstehen.

### Besonderheiten
Hat die Katze die Übung gelernt, können wir mit weiteren „Pfotentricks" beginnen. Das wären z.B. die Betätigung eines Schalters oder einer Glocke.

### Handlung
Die Katze hebt beide Pfoten

### Training
Targettraining und Shaping

### Vorgehensweise
Ausgangsposition für das Shaping ist das Sitzen (Übung Nr. 1). Wir nehmen ein Leckerli und führen es vor ihr nach oben, etwas über ihren Kopf. Sie wird vermutlich schon die Pfoten heben. Tut sie das noch nicht oder springt auf, wiederholen wir die Übung. Wir beginnen immer mit „Sitz".

### Besonderheiten
Das „Männchen" wird Hundehaltern schon bekannt sein. Dem einen oder anderen erscheint es vielleicht zu „artfremd". Katzen führen diese Bewegung aber tatsächlich gelegentlich aus, z.B. wenn sie an einem Baum kratzen, um ihn so zu markieren oder wenn sie einen Schmetterling aus der Luft angeln.

# 13 Bleib

### Handlung
Die Katze setzt oder legt sich hin und bleibt eine gewisse Zeit lang in dieser Position.

### Training
Shaping

### Vorgehensweise
Ausgangsposition für das Shaping ist das Sitzen oder Kauern (Übung Nr. 1 und 2). Der Click wird nun nicht gleich gegeben, sondern es wird ein immer länger andauerndes Verharren in der gewünschten Position geclickt. Das Kommando kann dann an das Kommando der Ausgangsposition angehängt werden, z.B. „Sitz – Bleib!".

### Besonderheiten
Die Katze lernt so, dass auch ein gewisser „Zeitfaktor" beim Training abgerufen werden kann. Da Katzen sehr geduldig sind und oft stundenlang vor einem Mauseloch warten können, begreifen sie recht schnell, was von ihnen erwartet wird.

Für das Medical Training ist diese Übung sehr praktisch, da sie Ausgangsposition zur Fellpflege oder zum Abtasten sein kann.

### Handlung

Die Katze springt auf den Rücken des Trainers und legt sich über seine Schulter

### Training

Die Elemente der Verhaltenskette „Springen" und „sich auf die Schulter legen" werden getrennt von einander trainiert.

### Vorgehensweise

Trainiert wird zuerst der Abschluss der Übung. Dazu wird die Katze auf die Schulter gehoben und geclickt, sobald sie sich etwas oben hält. Ist dieses Verhalten geübt und hat die Katze die Scheu vor dem etwas wackeligen Zustand verloren, wird das Springen auf den Rücken trainiert. Dazu kniet sich der Trainer auf den Boden, damit der Weg nicht so weit ist. Der Targetstick und das Spring-Kommando können zur Unterstützung gebraucht werden. Hat die Katze Hemmungen zu springen, clicken wir jeden Ansatz dazu und shapen so den Sprung.

### Besonderheiten

Es gibt Katzen, für die es nichts Schöneres als diese Übung gibt – es gibt aber auch solche, die das Vertrauen für den Sprung kaum aufbauen können. Dann ist viel Zeit und Geduld notwendig, um das Ziel zu erreichen. Besonders der Schluss der Übung – das Sitzen auf der Schulter – sollte dann ausgiebig und mit viel Einfühlungsvermögen trainiert werden.

Für einige Katzen ist es einfacher, erst einmal von einem erhöhten Standpunkt aus auf den Rücken zu springen. So kann man sich auf ein Sofa setzen und die Katze kann über die Rückenlehne „aufsteigen" üben.

### Handlung
Der Trainer versteckt sich und wird von der Katze gefunden

### Training
Spontanes Verhalten clicken, Shaping,

### Vorgehensweise
Dies ist eine ähnliche Übung wie das Kommando „Komm!" aus Übung Nr. 4. Der Trainer versteckt sich in einem Zimmer, z.B. hinter der Tür. Auf Kommando wird er gesucht und gefunden. Click! Als nächste Übungen können z.B. Sitz und Bleib (Übungen Nr. 1 und 13) ausgeführt werden. Der Trainer versteckt sich erneut und das Spiel beginnt von vorne.

### Besonderheiten
Dieses Training unterstützt das Kommando „Kommen", da es die Katze mehr fordert. Es kann natürlich dann auch in umgekehrter Absicht abgerufen werden – nämlich, wenn man selbst die Katze irgendwo sucht.

### Handlung
Die Katze legt sich ganz schnell auf die Seite und bleibt liegen.

### Training
Grundlage der Übung ist Nr. 3, das Liegen auf die Seite. Ist dieses Verhalten eingeübt, kann mittels Shaping das Liegen zum „Toten Mann" einstudiert werden.

### Vorgehensweise
Mit dem Kommando von Übung Nr. 3 wird die Katze dazu gebracht, sich auf die Seite zu legen. Mittels Shaping werden aber nur die immer schnelleren Bewegungen der Katze geclickt.

### Besonderheiten
Beim Einführen des neuen Kommandos für die schnelle Aufforderung des „Liegens" benutzen wir zuerst das neue Kommando, z.B. „Toter Mann!" oder „Peng!" und anschließend das alte Kommando für Liegen – also z.B. „Toter Mann – Down!". Mit der Zeit verwenden wir das „Down" immer leiser und weniger, bis es irgendwann ganz entfällt. Das alte Kommando ist nun ersetzt.

### Handlung
Die Katze hebt die Pfote und berührt einen Gegenstand

### Training
Shaping, evtl. mit Targettraining

### Vorgehensweise
Ausgangsübung für diese Übung ist Übung Nr. 11 – das Heben der Pfote. Wir können nun selbst die gehobene Pfote mit einem Gegenstand, z.B. einem kleinen Ball berühren, den wir dann immer etwas weiter entfernt positionieren. Die Katze wird dann durch Shaping lernen, den Ball mit der Pfote zu berühren. Versteht sie nicht sofort, können wir ihr mithilfe des Targetsticks den Weg weisen und es ihr so einfacher machen.

### Besonderheiten
Hat die Katze diese Übung gelernt, können wir mit weiteren „Pfotentricks" beginnen. Das wären z.B. die Berührung eines Schalters, einer Glocke oder einer Taste.

## Handlung
Eine über zwei Stühlen liegende Latte wird übersprungen.

## Training
Hauptsächlich mittels Targettraining

## Vorgehensweise
Die Latte wird zuerst auf dem Boden abgelegt. Mittels Target wird die Katze immer darüber hinweggeführt. Jedes Mal wird sie belohnt. Nun wird der Stab immer etwas höher positioniert, z.B. durch zwei in die Höhe wachsende Bücherstapel. Durch Shaping wird so der Sprung über die Latte geübt, bis die Latte die richtige Höhe erreicht hat.

## Besonderheiten
Sprung ist nicht gleich Sprung. So können wir auch einen ganz hohen Sprung mit Shaping ausarbeiten und die Katze auf zwei unterschiedliche Arten springen lassen.

Delphintrainer wenden die gleiche Art des Trainings an, um den Tieren z.B. einen synchronen Sprung von genau zwei Metern Höhe beizubringen. Sie können durch das Shaping genau mitteilen, welche Art von Sprung sie von ihnen wünschen.

# 19 In den Katzentransportkorb

### Handlung

Die Katze geht in ihren Transportkorb und legt sich dort hin.

### Training

Shaping, Targettraining, Verhaltenskette

### Vorgehensweise

Die Annäherung an den Korb wird mittels Targettraining und Shaping geübt. Befindet sie sich im Korb, legt sie sich auf Kommando hin. Dann folgt das Kommando „Bleib!". Alle Handlungen werden zu einer Verhaltenskette geformt und die Verweildauer im Korb kann nun mit Shaping verlängert werden.

Dann können wir den Korb anheben und diese Übung clicken, bis die Handlung immer mehr dem wirklichen Transport der Katze ähnelt.

### Besonderheiten

Der Katzentransportkorb sollte den Geruch der Wohnung angenommen haben.

Er sollte also kein Fremdkörper sein, der nur kurz für den Transport der Katze aus dem Keller geholt wird. Der Käfig riecht dann so fremd, dass die Katze allein dadurch in Stress gerät.

Geben wir dem Tier hingegen genug Zeit, sich mit dem fremden Gegenstand zu beschäftigen, wird es die Scheu davor verlieren.

Dazu stellen wir den Korb einfach einige Tage, bevor wir mit dieser Übung anfangen, in die Wohnung, so dass er genau inspiziert werden kann. Wir behandeln den Korb möglichst so beiläufig, wie jedes andere Möbelstück auch. Sobald die Katze realisiert hat, dass der Korb zur Wohnung gehört, wird sie sich ihm immer weiter nähern und die natürliche Scheu vor ihm ablegen. Er hat dann einfach den Stellenwert eines ganz normalen Gegenstands, von dem keine Gefahr ausgeht.

## Handlung
Die Katze geht zu einer Schachtel und springt hinein

## Training
Hauptsächlich mittels Targettraining

## Vorgehensweise
Viele Katzen führen dieses Verhalten spontan aus, da sie von Natur aus neugierig sind. Wenn wir einfach ein Leckerli in die Schachtel fallen lassen, wird sich die Katze kaum zurückhalten lassen. Dann clicken wir den Sprung in die Schachtel. Nach einigen Wiederholungen clicken wir z.B. nur noch das „Sitz" in der Schachtel.

## Besonderheiten
Katzen, die Angst vor einer Schachtel haben, können mittels ausgiebigem Shaping (Annähern und Berühren der Schachtel) dazu gebracht werden, sich an die Schachtel zu gewöhnen. Lassen Sie die Schachtel in diesem Fall ein paar Tage in der Wohnung liegen, damit sich die Katze zuerst an sie gewöhnen und sie auch in unbeobachteten Momenten (z.B. Nachts) erkunden kann.

## Handlung
Die Katze meistert mehrere Hindernisse in Folge

## Training
Mittels Targettraining

## Vorgehensweise
Hindernisse werden hintereinander aufgereiht. Durch den Targetstick gibt der Trainer den Weg vor und erst nach der letzten Übung gibt es den Click und die Belohnung. Wenn die Katze nicht am Ball bleibt, kann man hier auch wieder am Schluss des Parcours anfangen und die Übungen einzeln wie bei den Verhaltensketten einüben, um sie anschließend in Serie auszuführen.

## Besonderheiten
Ähnlich dem Agility Training bei Hunden können unterschiedliche Aufgabenstellungen in einem Hindernisparcours angeordnet werden. Besteht eine Scheu vor einem neuen Hindernis, wird dieses zuerst separat trainiert. Als Hindernisse bieten sich alle Übungen an, bei denen die Katze in Bewegung ist: z.B. der Gang durch den Tunnel Nr. 26 und über die Leiter Nr. 27, der Sprung über ein Hindernis Nr. 18 und das Balancieren über ein Latte Nr. 23. Für Wohnungskatzen, die nicht ins Freie dürfen und dort ihrem natürlichen Bewegungsdrang nachgehen können, bieten diese Übungen eine willkommene Abwechslung. Eine Katze, die oft im Freien ist, läuft täglich einige Kilometer, während sie ihr Revier durchstreift.

**Handlung**
Die Katze geht zu einem Gegenstand, berührt ihn und kehrt zum Trainer zurück

**Training**
Spontanes Verhalten wird geclickt und mittels Targettraining und Shaping unterstützt

**Vorgehensweise**
Wenn sich ein neuer Gegenstand im Raum befindet (z.B. ein Kegel), ist das für viele Katzen Anlass, dieses Verhalten spontan zu zeigen, da sie von Natur aus neugierig sind. Geht die Katze zum Kegel und schnuppert daran, clicken wir. Tut sie das erneut, wird wieder geklickt. Nun entfernen wir die Position des Kegels von uns, indem wir einen Schritt zur Seite gehen. Berührt die Katze den Kegel wieder, erhält sie erneut einen Click. Die Entfernung zwischen uns und dem Kegel wird nun immer weiter vergrößert, bis die Katze von uns zum Kegel und zurückgehen muss. Nun können wir ein neues Kommando einführen.

**Besonderheiten**
Im Gegensatz zu anderer Übungen hat diese die Besonderheit, dass die Katze sich vom Trainer weg bewegen muss. Das erfordert erfahrungsgemäß etwas mehr Trainingsdauer.

### Handlung
Die Katze balanciert über eine Latte, die zwei Stühle überspannt.

### Training
Mittels Targettraining und eventuell Shaping

### Vorgehensweise
Mit dem Target und dem Kommando „Spring" (Übung Nr. 6) wird die Katze auf den Ausgangspunkt der Übung gebracht. Nun wird der Targetstock auf der Latte entlang geführt. Mutige Katzen werden die Latte sofort betreten. Auf der anderen Seite wird die Übung mit einem „Sitz" abgeschlossen. Click!

### Besonderheiten
Ängstliche Katzen, die die Latte nicht spontan betreten wollen, werden mit Shaping der Latte näher gebracht, bis sie sie mit der Pfote berühren und schließlich betreten. Außerdem hilft es, in diesem Fall eine etwas breitere Latte, bzw. ein Brett zu verwenden. Hat die Katze die Übung gelernt, können wir später das Brett gegen schmalere Varianten austauschen und uns so dem Balanceakt nähern.

Eine Variation für Artisten: Baumärkte führen oft ein ganz dickes Seil mit einem Durchmesser von mindestens 4cm. Es wird eigentlich als Handlauf für Geländer verwendet. Mit etwas handwerklichem Geschick lässt es sich zwischen zwei Wandhaken einhängen. Zwei Podeste sollten auf beiden Seiten des Seils vorhanden sein, damit die Katze leicht aufsteigen kann. Falls Sie sich an diese Seilübung wagen, achten Sie unbedingt darauf, dass alle Podeste standfest sind und das Seil sehr gut befestigt ist. Es sollte stark gespannt sein. Ein rutschiges Podest oder ein nicht gut gespanntes Seil kann zu einem Unfall der Katze führen. Sie wird sich dabei nicht verletzen – aber so erschrecken, dass sie sich an die Übung kaum mehr heranwagen wird.

**Handlung**
Die Katze springt durch einen Reifen.

**Training**
Targettraining und Shaping

**Vorgehensweise**
Wir führen die Übung zunächst auf dem Boden aus. Die Katze wird mit dem Target durch den auf dem Boden aufliegenden Reifen geführt, Click! Der Reifen wird nun immer weiter nach oben gehoben, bis die Katze einen kleinen Sprung machen muss. Jede neue Höhe wird geclickt. Nun kann das Kommando eingeführt werden und die Höhe des Sprungs wird mit Shaping ausgearbeitet.

**Besonderheiten**
Als Reifen bietet sich ein Hula-Hoop-Reifen an. Er kann im Durchmesser verkleinert werden, indem ein Stück herausgeschnitten wird. Die Enden können mit einem Stück Rundholz und einem Paketband wieder zusammengefügt werden (s. Abb. unten).

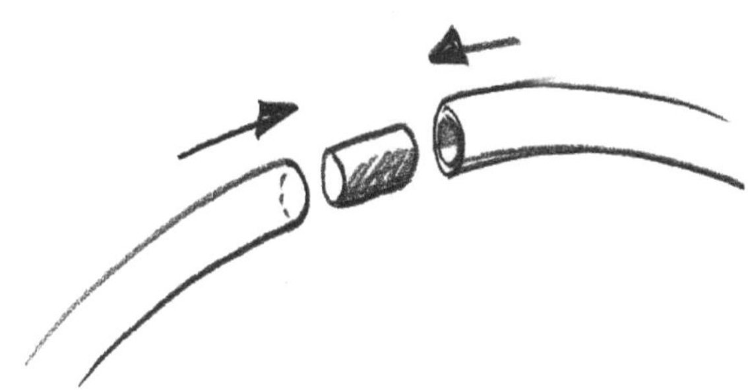

Halten Sie den Reifen möglichst still und bewegen sie ihn während des Sprungs der Katze nicht. Katzen springen sehr präzise und lassen sich durch eine schmerzhafte Berührung mit dem Reifen leicht vergraulen.

## Handlung

Die Katze springt von einem Podest durch den Reifen auf ein anderes Podest.

## Training

Targettraining und Shaping

## Vorgehensweise

Diese Übung ist bestimmt aus dem Zirkus bekannt. Ausgangsposition ist Übung Nr. 24. Wird das Springen abgelehnt, können die Stühle anfänglich zusammengeschoben werden. Nun wird wie in Übung Nr. 24 vorgegangen und mit stückweisem Anheben des Reifens gleichzeitig der Abstand zwischen den Stühlen vergrößert.

## Besonderheiten

Hat die Katze Angst, den Sprung zu wagen, kann das an fehlender Ruhe liegen. Halten sie den Reifen sehr ruhig und in der richtigen Sprungbahn der Katze. Beginnen Sie, indem Sie den Reifen nach unten senken und die Stühle ganz neben einander stellen. Lassen Sie die Katze am Anfang nur hindurch gehen. Heben Sie den Reifen dann langsam etwas an und schieben Sie die Stühle einen Spalt auseinander. Stück für Stück wird die Katze so mutiger werden. Clicken Sie jeden Sprung! Absolute Kippsicherheit und eine griffige rutschfeste Auflage der Sitzflächen ist Voraussetzung für diese Übung!
Sollte die Katze den Sprung, obwohl sie ihn schon einmal gezeigt hat, verweigern, verringern sie wieder die Distanz und die Höhe. Bauen sie so wieder Mut auf.

**Handlung**
Die Katze schlüpft durch einen Tunnel

**Training**
Targettraining und Shaping

**Vorgehensweise**
Mit dem Target wird die Katze an den Tunnel herangeführt. Besteht er aus Stoff, wird er zuerst kürzer gemacht, so dass die Katze das Licht am anderen Ende sehen kann. Wenn die Katze nicht von sich aus hindurch geht, kann man sie von der anderen Seite mit dem durchgesteckten Targetstick locken, Click!

**Besonderheiten**
Im Tierfachhandel gibt es zahlreiche Tunnels aus Stoff, die mit dünnen Kunststoffringen offen gehalten werden. Sie können auch in der Länge verändert werden.
Hat die Katze Angst vor dem Tunnel, lassen wir ihn ein paar Tage vor der ersten Übung in der Wohnung liegen, damit sie sich daran gewöhnen kann. Will sie sich gar nicht dem Tunnel nähern, kann sie mit Shaping dem unbekannten Gegenstand näher gebracht werden.

### Handlung
Die Katze klettert auf eine Haushaltsleiter und wieder herunter.

### Training
Targettraining und Shaping

### Vorgehensweise
Mit dem Target wird die Katze zur ersten Stufe geführt. Dann wird der Targetstick angehoben. Setzt die Katze die Pfote auf den ersten Tritt, Click! Es wird erneut gestartet und diesmal das Target etwas höher gehalten. Wurde schon Targettraining geübt, vielleicht sogar ein Parcours, wird die Katze schnell begreifen, dass der Weg nun über die Leiter führt.

### Besonderheiten
Diese Übung lässt sich besonders gut in einen Agility-Parcours integrieren, in dem die Katze mehrere Hindernisse überwinden muss. Achten Sie darauf, dass die Leiter fest steht und nicht kippen kann. Bei Metallleitern, empfiehlt es sich, die Stufen mit Teppich zu bekleben. Sonst sind sie zu glatt und die Katze fühlt sich nicht sicher genug.

### Handlung
Die Katze läuft über Konservendosen, die in einer Reihe aufgestellt wurden.

### Training
Targettraining und Shaping

### Vorgehensweise
Das Prinzip lernt die Katze am besten, wenn sie von einem gleich hohen Podest auf die Dosen steigen muss. Zuerst können umgedrehte Eimer verwendet werden, da sie eine größere Trittfläche haben. Dann wird die Übung auf (gefüllte) Konservendosen umgestellt. Sie sind schwer genug. Die Dosen werden in einer Reihe hintereinander im Abstand von etwa 5 cm aufgestellt. Mit dem Targetstick kann die Katze nun über die Reihe geführt werden. Wenn sie die Übung gelernt hat, können wir den Abstand der Dosen etwas vergrößern.

### Besonderheiten
Für die meisten Katzen ist es schwer, vom Boden aus die Dosen zu besteigen. Wir machen es ihnen einfacher, wenn wir ihr am Anfang und am Ende des Parcours ein Podest in der gleichen Höhe anbieten. Die Katze hat so zudem ein Ziel vor Augen und kann dort die Übung mit „Sitz" abschließen.

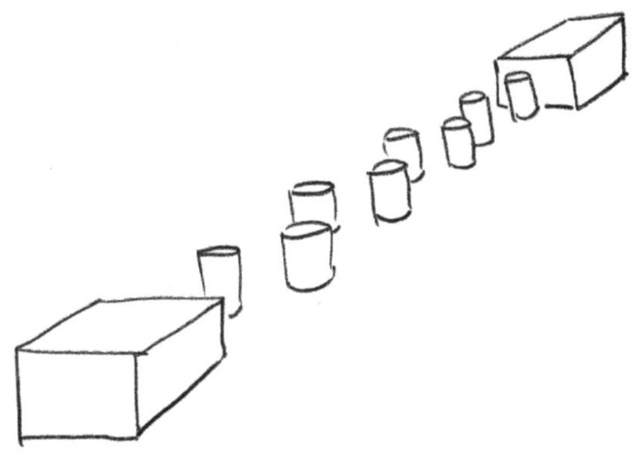

### Handlung
Die Katze balanciert auf einem Ball.

### Training
Targettraining und Shaping

### Vorgehensweise
Zuerst wird die Katze mit dem Ball vertraut gemacht. Geeignet ist ein nicht zu großer, Ball, z.B. ein Basketball. Dieser hat eine griffige Oberfläche, und die Katze kann nicht abrutschen. Zuerst wird mit einem festliegenden Ball trainiert. Am besten legt man dazu den Ball in einen Ring (Abb. 1). Die erste Berührung des Balls mit der Pfote bis zum wirklichen Besteigen des Balls wird mit Shaping eingeübt. Ist die Katze in dieser Übung routiniert, kann die Bewegung des Balls hinzukommen. Dazu hat es sich als praktisch erwiesen, den Ball nun mit der Hand festzuhalten und der Katze so Sicherheit zu geben. Der Ball kann nun langsam bewegt werden, wobei die Katze ihr Gewicht verlagern muss (Click!).

Steigt die Katze nicht selbst auf den Ball, bieten wir ihr ein Podest in der gleichen Höhe an (wie in Abb. 3).

Wir können die Katze zudem auf den Ball heben und ihre kurze Verweildauer clicken. Dann verlängern wir die Dauer immer um ein Stückchen, bis sich die Katze an das Stehen auf dem Ball gewöhnt hat.

Für den nächsten Trainingsschritt wird der Ball zwischen zwei Latten oder ähnliche Begrenzungen gelegt (Abb. 2). Er kann nun nur vor und zurück rollen. Beim Besteigen des Balls kann der Ball immer noch festgehalten werden. Die Katze lernt nun, selbst die Balance zu halten. Die seitlichen Begrenzungen verhindern einen zu großen Schwierigkeitsgrad. Ziel der Übung ist die freie Beweglichkeit des Balls und das Besteigen des Balls ohne Hilfe des Trainers. Dafür sind allerdings etliche Übungseinheiten notwendig. Die Katze muss außerdem ein Vertrauen zum Ball aufbauen und ihn als Spielzeug – trotz seiner Größe – akzeptieren.

### Besonderheiten
Dies ist eine der schwersten Übungen. Sie fordert nicht nur den Mut der Katze, sondern auch deren absolute Konzentration. Mit Shaping kann die Dauer auf dem Ball immer weiter verlängert werden.
Neue Bälle riechen immer sehr nach Kunststoff. Vielleicht lehnt Ihre Katze es deshalb ab, sich dem Ball zu nähern. Besorgen Sie sich am besten einen gebrauchten, nicht zu glatten Basketball. Lassen Sie ihn vor dem ersten Training ein paar Tage in der Wohnung liegen, damit die Katze ihn inspizieren kann.

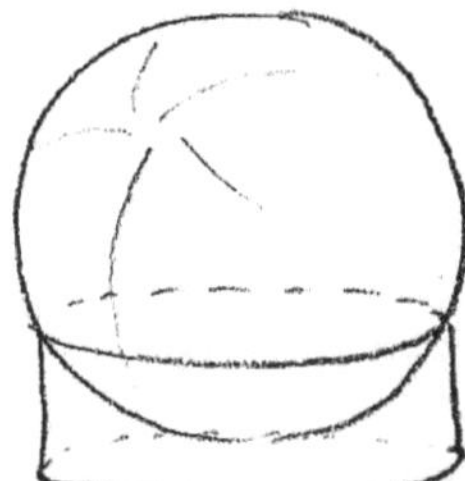

*Abb. 1*
*Der Ball im Ring*

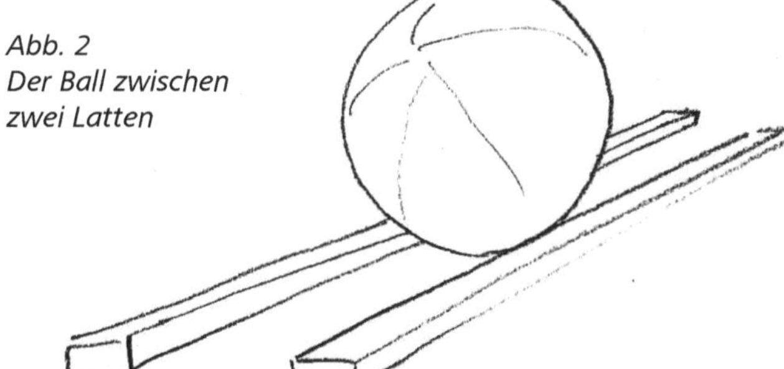

*Abb. 2*
*Der Ball zwischen zwei Latten*

*Abb. 3*
*Ein Podest erleichtert das Aufsteigen*

**Handlung**
Die Katze betätigt mit der Pfote einen Schalter

**Training**
Shaping, evtl. mit Targettraining

**Vorgehensweise**
Voraussetzung für diese Übung ist die Übung Nr. 17. Hier lernt die Katze bereits, dass sie etwas mit der Pfote berühren kann. Die Kunst ist nun, der Katze beizubringen, etwas mehr Gewicht auf die Pfote zu verlagern und so einen Schalter zu betätigen.

**Besonderheiten**
Der Schalter sollte vorerst auf einer Höhe angebracht sein, die die Katze bequem erreichen kann. Wir können ihn dazu in ein Brett einbauen, das wir an die Wand hängen. Hat die Katze gelernt, den Schalter zu betätigen, kann er Stück für Stück höher angebracht werden. So weit, dass die Katze einen Sprung ausführen muss.

Schalter bieten sich sehr gut als Katzenklingel an. Besteht z.B. keine Möglichkeit eine Katzenklappe einzubauen, kann die Katze klingeln, wenn sie herein will und sich so bemerkbar machen.

**Handlung**

Die Katze drückt mit ihren Pfoten offene Schubladen zu.

**Training**

Targettraining und Shaping

**Vorgehensweise**

Eine Schublade, die etwa so hoch ist, dass sie die Katze, auf den Hinterbeinen stehend, gut erreichen kann, wird etwas geöffnet.

Die Katze wird mit dem Target an eine etwas geöffnete Schublade herangeführt. Das Target wird über die Schublade geführt. Die Katze wird sich nun an der offenen Schublade mit den Vorderpfoten abstützen, um das Target zu erreichen, Click!. Mit ein wenig Training kann so das Schließen ganz geöffneter Schubladen eingeübt werden.

**Besonderheiten**

Hat die Katze gelernt, mit ihrem Körpergewicht und den Vorderpfoten Dinge zu bewegen, kann man ihr auch auf die gleiche Art das Schließen von Türen beibringen.

Wichtig ist dabei, dass die Katze sich nicht vor dem Geräusch erschreckt. Am Anfang ist es deshalb sinnvoll, die Tür mit einem Geschirrhandtuch abzudämpfen, bis die Katze gelernt hat, dass das Geräusch ungefährlich ist.

## Handlung

Die Katze betätigt mit ihrer Pfote ein Glöckchen

## Training

Shaping, evtl. mit Targettraining

## Vorgehensweise

Wie bei Übung 32 wird die Katze trainiert, eine Handlung mit der Pfote auszuführen. Das Berühren oder Schlagen des Glöckchens kann sehr einfach trainiert werden, denn die meisten Katzen berühren es spielerisch, wenn es an einer Kordel als Spielzeug geschwenkt wird (Click!).

## Besonderheiten

Ein Glöckchen kann z.B. am Fressplatz angebracht werden. Hat die Katze Hunger, bedient sie das Glöckchen und kann so ihr Bedürfnis mitteilen. Natürlich kann es auch als Türglöckchen verwendet werden, ähnlich der Übung Nr. 30.

**Handlung**
Eine eingebaute Katzenklappe wird akzeptiert.

**Training**
Targettraining und Shaping

**Vorgehensweise**
Einige Katzen haben anfänglich Angst vor der Katzenklappe. Sie bietet einen nicht unerheblichen Widerstand, und das klappernde Geräusch verursacht oft Angst.
Das Betreten der Klappe kann in geöffnetem Zustand mittels Targetstick erfolgen. Dazu hält man die Klappe offen. Wenn die Katze hindurch geht: Click! Die Klappe wird nun immer etwas niedriger gehalten, so dass die Katze sie mit dem Kopf und dem Körper berührt. Nach einigen Durchgängen kann die Klappe losgelassen werden. Die Katze wird, falls sie immer noch Hemmungen hat, von der anderen Seite mit einem Leckerli gelockt. Während sie sich in der Klappe befindet, wird sofort geclickt und belohnt.

**Besonderheiten**
Katzen benutzen die Katzenklappe auf sehr unterschiedliche Art. Einige Tiere drücken sie mit dem Kopf auf, andere verwenden dafür die Pfote. Kann die Katze schon die Übung Nr. 31 (Schubladen schließen), ist sie damit vertraut, ihre Pfoten dazu einzusetzen, eine Tür zu bewegen. Das kann auch hier von Vorteil sein.

# 34 Slalomlauf

### Handlung
Die Katze geht durch einen Slalomparcours

### Training
Targettraining

### Vorgehensweise
Mit dem Targetstick wird die Katze im Slalom durch einen aufgestellten Parcours geleitet. Dafür stellen wir mehrere Kegel oder Konservendosen in einem Abstand von etwa 50 cm auf.

### Besonderheiten
Diese Übung lässt sich gut in das Agility Training (Übung Nr. 21) integrieren.

### Handlung
Eine Katze kauert auf dem Boden, die andere Katze springt über sie hinweg.

### Training
Targettraining und Shaping

### Vorgehensweise
Einer Katze wird das Kommando „Kauern" gegeben. Die andere Katze wird mit dem Target an ihren Partner herangeführt und mit dem Kommando „Spring" über ihn hinweggeleitet.

### Besonderheiten
Für das gleichzeitige Training zweier Katzen empfiehlt sich die Verwendung von zwei unterschiedlichen Clickgeräuschen. Die Katzen verstehen nach einiger Zeit, welche Clicks ihnen gelten. Wird der Name der Katze dem Kommando vorangestellt, z.B.: „Lucy, sitz!", unterscheiden sich die Kommandos noch deutlicher voneinander. Natürlich sind weitere Übungen dieser Art denkbar:

- Eine Katze springt auf einen bestimmten Stuhl, die andere auf einen anderen.

- Die Katzen gehen hintereinander über ein Brett - oder auf einander zu und wechseln so ihre Plätze.

- Die eine Katze wartet solange, bis die andere eine bestimmte Übung ausgeführt hat. Dann kommt die andere an die Reihe, usf.

### Handlung
Die Katze schiebt mit der Pfote ein Spielzeugauto an.

### Training
Shaping oder Clicken des spontanen Verhaltens

### Vorgehensweise
In Übung 18 wird das Berühren von Gegenständen mit der Pfote geübt. Das Spielzeugauto wird sich von alleine bewegen, wenn es mit der Pfote angeschoben wird. Dieses Verhalten wird mit Shaping weiter verstärkt.

### Besonderheiten
Natürlich ist jedes andere Spielzeug auch geeignet. So kann z.B. ein kleiner Ball vorwärts bewegt werden.

### Handlung

Die Katze bedient mit der Pfote eine Taste und holt sich eine Belohnung aus dem Automaten.

### Training

Shaping

### Vorgehensweise

Hat die Katze bereits gelernt, mit der Pfote Dinge zu bewegen, wird es kein Problem sein, sie dazu zu bringen, einen Schalter zu betätigen. Die Katze kann sich so ihre Belohnung selbst holen. Hat sie den Schalter betätigt, fällt das Leckerli heraus.

### Besonderheiten

Geeignete Automaten gibt es in der Spielwarenhandlung als „Kaugummiautomaten" für Kinder. Achten Sie darauf, dass die Fläche des Schalters groß genug ist. Nur so kann die Katze sie mit der Pfote bedienen. Hat die Katze anfänglich Angst vor dem Automaten, lassen wir ihn erst einige Tage dort stehen, wo ihn die Katze untersuchen kann.

Es ist nicht ratsam der Katze so einen „freien" Zugang zu Leckerlis zu gewähren, da sie dann schnell satt ist. Aber zwischendurch kann der Automat mit einigen Leckereien gefüllt werden, und die Katze kann sich diese dann selbst „verdienen".

Es entspricht dem natürlichen Verhalten von Katzen in freier Wildbahn, ihr Futter selbst zu „verdienen", d.h. zu erjagen. Katzen sitzen oft stundenlang vor einem Mauseloch oder begeben sich auf kilometerlange Rundgänge, um unterwegs Nahrung aufzuspüren.

Wohnungskatzen werden aktiver und glücklicher, wenn sie gefordert werden. Unterforderung und Langeweile sind die Hauptgründe von Verhaltensauffälligkeiten und psychischen Störungen bei Katzen.

### Handlung
Die Katze versteckt sich unter einer Decke.

### Training
Clicken des spontanen Verhaltens oder mittels Target-training

### Vorgehensweise
Wird eine Decke flach auf dem Boden ausgebreitet und an einer Seite etwas hochgehoben, erkennt die Katze darin eine Höhle. Viele Katzen verstecken sich gerne darin, ohne dass wir etwas tun müssen, Click!
Ansonsten können wir mit dem Target die Richtung weisen.

**Handlung**
Die Katze zeigt selbstständig Handlungen

**Training**
Clicken des spontanen Verhaltens

**Vorgehensweise**
Diese Trainingsmethode hat sich bei Hunden bewährt, um sie dazu zu bringen, ein bestimmtes Verhalten selbst anzubieten. Als Hilfsmittel benötigen wir einen Karton oder eine Kiste. Nähert sich die Katze der Kiste und untersucht sie, können wir schon clicken. Springt sie hinein, Click!. Ihre Katze kann so selbst entscheiden, welche Handlung sie anbieten will. Das was Ihnen gefällt, clicken Sie und können neben dem spontanen Verhalten auch Shaping zur Ausarbeitung von Übungen verwenden.

**Besonderheiten**
Hat die Katze verstanden, was von ihr gefordert wird, wird sie versuchen, neue Handlungen auszuführen. So fördern wir die Eigeninitiative der Katze und können das Training von schwierigen Übungen erleichtern. Denn vielleicht bietet die Katze schon das ein oder andere Verhalten spontan an, ohne dass wir es erst über Umwege trainieren müssen.
Natürlich können wir auch andere Gegenstände zum Training verwenden. Ein Stuhl kann z.B. als Trainingsobjekt dienen: springen, sich an ihm strecken, durch die Stuhlbeine schlängeln, usf.

### Handlung
Die Katze miaut auf Kommando

### Training
Clicken des spontanen Verhaltens

### Vorgehensweise
Das Training ist vergleichsweise unkompliziert. Miaut die Katze, wird das Miauen geclickt und in Folge mit einem Kommando belegt.

### Besonderheiten
Jeder Katzenhalter, dessen Katze ein Freigänger ist, hat es schon einmal erlebt: Die Katze ist verschwunden und lässt sich nicht mehr auffinden. Sie kann in einem Keller oder einer Garage eingeschlossen sein oder auf einen Baum geklettert sein und sich nicht mehr aus eigenen Stücken befreien.

Haben Sie ein Kommando zum Lautgeben trainiert, „antwortet" die Katze, wenn sie gerufen wird. So können wir sie leichter orten und aus der misslichen Lage befreien.

# 41 Sich anfassen und tragen lassen

### Handlung
Die Katze lässt sich berühren, hochheben und tragen
(Training für scheue Tiere)

### Training
Shaping

### Vorgehensweise
Wir clicken schrittweise die Berührung der Katze. Wir
heben sie nur ein kleines Stückchen nach oben und clicken auch dieses Anheben. Dann halten wir sie immer
länger und trainieren diese Akzeptanz. Anschließend
können wir sie auf den Arm nehmen und auch diese
Handlung trainieren.

### Besonderheiten
Katzen, die von klein auf bei ihren Besitzern leben und
nicht zu spät von der Mutter getrennt werden, entwickeln
automatisch ein Vertrauensverhältnis zu Ihrem Frauchen
oder Herrchen. Anders sieht es bei Heimtieren aus oder
bei Tieren, die negative Erfahrung mit Menschen gemacht haben. Sie sind oft sehr scheu und reagieren zum
Teil auch aggressiv. Durch eine kontinuierliche Reduzierung der Distanz zum Trainer mit anschließender Belohnung, kann das Vertrauen der Katze (zurück)gewonnen
werden. Üben Sie auf jeden Fall Geduld!

Katzen sollten so angehoben werden: Eine Hand fasst
von der Seite unter den Brustkorb, wobei der Zeigefinger zwischen den Vorderbeinen in Richtung Hals gehalten wird. Die andere Hand hebt die Hinterläufe stützend,
ohne sie festzuhalten. Viele Katzen mögen es nicht, auf
den Rücken gedreht zu werden. Sie fühlen sich so nicht
sicher und können die Situation nicht mehr überblicken.
Akzeptieren Sie dieses Verhalten und zwingen Sie der
Katze nie Haltungen auf, die sie ablehnt. Versucht sich
die Katze zu befreien und nach unten zu springen, setzen Sie sie sofort auf den Boden. Halten Sie sie nicht
gegen Ihren Willen fest. Nur das schafft Vertrauen.

### Handlung

Das unerwünschte Kratzen an Polstermöbeln wird durch das Kratzen an einer geeigneten Kratzgelegenheit ersetzt.

### Training

Clicken des spontanen Verhaltens

### Vorgehensweise

Das Wetzen der Krallen an einem bestimmten Ort ist ein ganz natürliches Verhalten von Katzen. Sie markieren dadurch ihr Revier und zeigen so, dass sie hier zu Hause sind. Oft werden deshalb an gut sichtbaren Stellen von der Katze Kratzgelegenheiten geschaffen, die nicht immer im Sinne des Halters sind. Hat sich eine  Kratzstelle erst einmal etabliert, ist sie der Katze kaum mehr abzugewöhnen, da die Stelle durch das verkratzte Aussehen und die Geruchsmarkierungen immer attraktiver wird.

Als erste Maßnahme sollten Sie deshalb die bisherige Kratzstelle mit einer Folie oder doppeltem Klebeband abdecken, so dass sie für die Pfoten unangenehm wird. Da eine Katze unbedingt eine Wetzstelle braucht, stellen Sie eine geeignete Kratzgelegenheit in unmittelbare Nähe der alten Stelle.

Wenn die Katze das nächste Mal die alte Kratzstelle sucht, können Sie sie an die neue Stelle heranführen. Sobald sie sie zum ersten Mal benutzt, Click! Ihre Katze hat es richtig gemacht. Hat sie die neue Kratzsstelle einige Male bearbeitet, brauchen Sie nicht mehr zu clicken. Sie hat nun eine neue Markierstelle gefunden.

Da der Geruch der alten Stelle noch lange vorhält, ist es ratsam, das Polster zu waschen und die Abdeckung nicht zu früh zu entfernen, um einen dauerhaften Wechsel zu gewährleisten.

**Handlung**
Die Katze nimmt das Katzenklo an.

**Training**
Es wird NICHT geclickt!

**Vorgehensweise**
Heben Sie die Katze in das saubere (!) mit ausreichend Streu gefüllte Katzenklo.

**Besonderheiten**
Es ist ein ganz natürliches Verhalten von Katzen, ihren Kot nachher zu verscharren. Die meisten Katzen suchen also dementsprechende Gelegenheiten. Wird das Katzenklo immer sauber gehalten, wird die Katze es sofort akzeptieren.

Uriniert die Katze an anderen Stellen, hat dies meist psychische Ursachen, z.B. können dies Protestverhalten, Eifersucht, Krankheit, uvm. sein. Es würde hier den Rahmen sprengen, auf alle Ursachen einzugehen. Sollte ihre Katze dauerhaft ein gestörtes Verhalten zeigen, suchen Sie sich bitte Hilfe bei einem Tierarzt oder einem Tierpsycholgen.

Voraussetzungen für das Benutzen des Katzenklos:

- Das Katzenklo muss regelmäßig kontrolliert und gesäubert werden
- Der Standort sollte so gewählt sein, dass die Katze ungehinderten Zugang hat (auch ungehindert von Artgenossen).
- Es sollte an einem geschützten Ort aufgestellt sein. Also nicht an einem Ort, wo immer wieder Personen vorbeigehen und stören.
- Der Abstand zwischen Fressplatz und Katzenklo sollte möglichst groß sein.
- Im Mehrkatzenhaushalt sollten auch mehrere Katzenklos vorhanden sein. Eine Regel besagt: Mindestens so viele Toiletten wie Katzen. Besser sogar eine Toilette mehr.

### Handlung
Die Angst vor Gegenständen oder Personen wird abgebaut.

### Training
Targettraining

### Vorgehensweise
Führen Sie die Katze mit dem Targetstick stückweise immer näher an das Objekt/die Person heran, vor dem/der sie Angst hat.

### Besonderheiten
Angst ist immer mit negativem Stress verbunden. Durch diese Übung können wir den Stress der Katze abbauen und ihr eine Annäherung ermöglichen.
Es gibt Angst vor unbekannten Objekten (z.B. einem Regenschirm), Personen (z.B. einem fremden Besuch) oder einem Geräusch (z.B. einem Staubsauger). Einige dieser Ängste lassen sich durch Training reduzieren und abbauen, andere hingegen bleiben das ganze Leben lang bestehen. Am einfachsten lassen sich Ängste vor unbekannten Objekten abbauen.

Die Katze sollte schon mit dem Targettraining vertraut sein und mit der Nase dem Target folgen.
Handelt es sich um ein Stress verursachendes Objekt, legen wir es einfach in einem unbeobachteten Moment etwas abseits in den Raum. Wir trainieren dann mit der Katze bereits bekannte Übungen, an denen sie Spaß hat und führen sie dann wie beiläufig, ohne dem Objekt weitere Aufmerksamkeit zu schenken, mit dem Targetstick immer näher daran vorbei. Bei dieser Desensibilisierung bietet es sich an, in kreisförmigen Bahnen zu beginnen und diese dann auszuweiten. Die Kreisbahn wird vergrößert, bis der Weg schließlich direkt am Objekt vorbeiführt (s. Zeichnung). Wir clicken immer dann, wenn wir uns in unmittelbarer Nähe des Objekts befinden und geben der Katze sofort ein Leckerli.
Geht die Katze in den ersten Übungseinheiten immer noch einen großen Bogen um das Objekt, lassen wir ihr diesen Willen. Lassen Sie sie selbst entscheiden, wie nah sie dem Objekt kommen will.

Bei der Angst vor einem bestimmten Objekt, ist es zudem wichtig, es selbst als ganz normalen Gegenstand zu betrachten: Hat die Katze Angst vor einem Katzenkorb, liegt das vielleicht auch daran, weil dieses Objekt immer nur dann aus dem Keller geholt wird, wenn eine negative Prozedur folgt (z.B. ein Umzug oder ein Besuch beim Tierarzt). Stellen wir den Katzentransportkorb lange Zeit vor dem Termin in die Wohnung, wird er den Geruch der Wohnung annehmen. Die Katze kann sich ihm selbstständig nähern, ihn untersuchen und ihn als normalen Gegenstand akzeptieren.
Die Sinne von Katzen sind sehr sensibel ausgelegt. Erkennen sie Gefahren, flüchten sie. Fremde Gegenstände, die plötzlich in der Wohnung auftauchen, sind für den Menschen kein Problem, da er sie kennt. Die Katze muss aber erst selbst herausfinden, ob eventuell Gefahr von ihnen ausgehen könnte.
Es ist immer einfacher, eine Katze diese Erfahrung selbst machen zu lassen, als sie dazu zu nötigen, indem man sie z.B. versucht auf eine Leiter zu heben, obwohl sie vor ihr Angst hat. Haben Sie Geduld. Je

länger sich der Gegenstand in der Wohnung befindet, desto mehr wird sich die Katze an ihn gewöhnen.

Die Annäherung an Personen erfolgt nach dem gleichen Schema. Nur gibt es folgende Besonderheiten:
Die fremde Person sollte während des Trainings die Katze nicht anschauen oder gar anstarren. Katzen vermeiden in der Regel Augenkontakt. Es wird als ein „freundliches" Verhalten gewertet, wenn der Blick abgewendet wird oder die Augen nach einem kurzen Blick kurz geschlossen werden. Ein Starren oder auch ein genaues Beobachten wird hingegen als Aggressivität aufgefasst. Wir können oft beobachten, dass sich Katzen, wenn Besuch kommt, ausgerechnet denjenigen aussuchen, der eigentlich keine Katzen mag. Dies ist einfach darin begründet, dass diese Person der Katze am wenigsten Beachtung schenkt. Diese Person spricht sie vermutlich nicht an, will sie nicht streicheln und wird sie vermutlich auch nur ganz kurz anschauen. Gerade dieses Verhalten empfindet die Katze als freundlich.

Am schwierigsten ist die Angst vor Geräuschen zu behandeln. Dies mag auch daran liegen, dass das Gehör von Katzen extrem sensibel ausgelegt ist.
Das Geräusch eines laufenden Staubsaugers mag ihr deshalb wie eine dauerhafte Explosion in den Ohren vorkommen und regelrecht Schmerzen verursachen. Dass sich die Katze dann verkriecht und möglichst weit weg will, ist ganz natürlich. Sie sollten es so akzeptieren und der Katze in diesem Fall eine geeignete Rückzugsmöglichkeit bieten. Freigänger verlassen in der Regel sowieso die Wohnung, wenn Staub gesaugt wird.

### Handlung
Die Katze springt auf die Brille der Toilette und erledigt dort ihr Geschäft.

### Training
Shaping mittels Trainingsmodulen.

### Vorgehensweise
Da das Säubern des Katzenklos eine nicht gerade angenehme Arbeit darstellt, kann die Katze trainiert werden, die normale Toilette zu benutzen.

Um der Katze beizubringen, die Brille einer normalen Toilette zu besteigen, ist ein Trainingsprogramm in mehreren Schritten notwenig. Die hier beschriebene Trainingsmethode hat sich am wirksamsten herausgestellt: Litterkwitter®, zu deutsch: Schluss mit Katzenstreu!
Litterkwitter® besteht aus einer Toilettenbrille mit breitem Rand, der rutschfest ausgeführt ist. Zusätzlich besitzt das System drei Einlegeböden, wovon einer geschlossen, der zweite mit einer kleinen Öffnung und der dritte mit einer großen Öffnung versehen ist.

Das Training funktioniert folgendermaßen: In der ersten Stufe wird die mitgelieferte Brille mit dem geschlossenen Einlegeboden bestückt. Dieser wird etwas mit Katzenstreu bedeckt. Wir entfernen das alte Katzenklo und legen dafür die Brille mit dem Katzenstreu an seine Stelle. Wir können die Katze hineinsetzen, so dass sie sich mit dem neuen Katzenklo vertraut machen kann.
Hat die Katze ihre neue Toilette angenommen, bringen wir die Brille mitsamt dem Einlegeboden auf der herkömmlichen Toilette an. Auch hier geben wir der Katze Zeit, sich mit dem neuen Ort der Toilette vertraut zu machen. Findet die Katze den neuen Ort nicht gleich, können wir das Target dazu benutzen, sie auf die Plattform springen zu lassen, Click!
Nun folgt eine schrittweise Vergrößerung der Öffnung. Zusätzlich wird immer weniger, zum Schluss überhaupt kein Katzenstreu mehr verwendet.
Es ist nun kein Einsatz mehr notwendig. Nur noch die etwas breitere Brille sorgt für eine sichere Landung. Hat die Katze gelernt, darauf zu landen, können wir auch diese entfernen. Sie wird sich schnell an die herkömmliche Brille gewöhnen.

Die wichtigsten Tipps hierzu:
- Wenn etwas nicht klappt, gehen wir immer einen Schritt zurück.
- Sauberkeit ist das A und O. Katzen mögen keine unsauberen Toiletten. Während des Trainings mit dem Litterkwitter® müssen die Toilette und alle Kunststoffteile perfekt sauber gehalten werden – auch danach!
- Niemals strafen oder schimpfen!
- Das Scharren der Katze ist ganz natürlich. Dieses Verhalten wird sie auch ohne Katzenstreu zeigen, d.h. sie scharrt auf der blanken Brille.

Der Clicker ist hierbei nur eine Hilfestellung für die Katze. Hat sie gelernt, ihre neue Toilette zu benutzen, benötigen wir keinen Clicker mehr.

*Die Elemente des Litterkwitters®: Brillenaufsatz mit unterschiedlichen Trainingseinsätzen*

*Doogie beim Training mit dem mittleren Einsatz*

*Doogie hat gelernt, ohne Hilfsmittel, die normale Toilette zu benutzen*

*Litterkwitter® gibt es entweder in der Zoohandlung oder direkt beim Hersteller:*
*http://www.litterkwitter.com.au*
*Dem Paket liegt ein Video bei, in welchem das Training Schritt für Schritt gezeigt wird.*

# 46 Abtasten tolerieren

### Handlung
Die Katze toleriert das Abtasten mit den Händen

### Training
Medical Training

### Vorgehensweise
Je öfter wir diese Übung durchführen, desto leichter wird der Umgang mit der Katze. Sie empfindet die Berührungen als angenehm und nicht als unangenehme Untersuchung. Wir beginnen dabei in der Halsgegend und nähern uns langsam dem Schwanz des Tieres. Dabei können wir gleichzeitig erfühlen, ob sich eine Zecke in die Haut gebissen hat. Toleriert die Katze auch das Abtasten des Bauches, kann so vom Halter oft frühzeitig eine krankhafte Veränderung festgestellt werden.

### Besonderheiten
Meist bringen Halter ihre Katze bei einer schwerwiegenden Erkrankung, z.B. einem Tumor, zu spät zum Tierarzt. Leider ist es dann oft für eine Operation zu spät, und das Leben des Tiers ist verloren. Wir als Katzenbesitzer können selbst dabei helfen, dass unsere Katze gesund bleibt. Durch ein regelmäßiges Abtasten des Körpers können wir Verletzungen, Verhärtungen, Umfangsvermehrungen, Veränderungen an der Haut und Parasiten spüren, die sonst für das Auge unsichtbar bleiben.

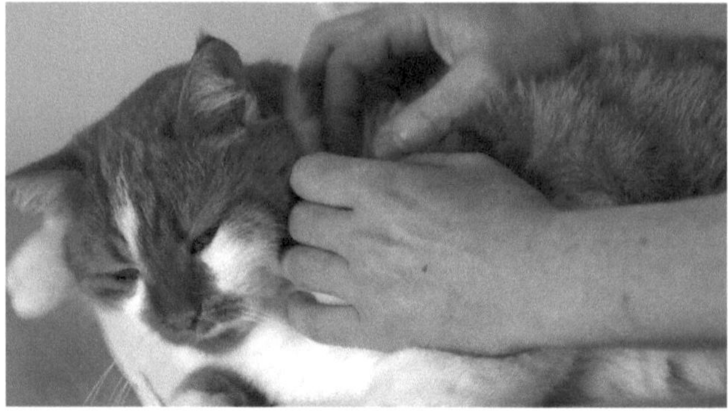

*Das genaue Abtasten während des Medical Trainings*

# 47 Bürsten

### Handlung
Die Katze toleriert die Fellpflege

### Training
Medical Training

### Vorgehensweise
Ist die Katze so scheu, dass sie sich nur ungern anfassen lässt, sollte zuerst dieses Element geübt werden, um das nötige Vertrauen aufzubauen (Übung Nr. 46). Hat sie schon Vertrauen, kann die Bürste mit ins Spiel gebracht werden. Wir lassen die Katze daran schnuppern. Dann berühren wir die Katze zuerst mit der Hand an den Stellen, die wir zuerst bürsten wollen, Click! Nun verwenden wir die Bürste mit der glatten Seite auf dem Fell, Click! Wir verlängern diese Berührung und drehen sie dann mit den Borsten zum Fell. Bürsten Sie bei den ersten Malen ganz vorsichtig, so dass die Katze Vertrauen gewinnt.

### Besonderheiten
Empfindliche Körperstellen können wieder auf die gleiche Art und Weise eingeübt werden, bis sich die Katze überall problemlos bürsten lässt.

*Die Katze beschnuppert die fremde Bürste*

*Sie spielt ein wenig mit ihr, …*

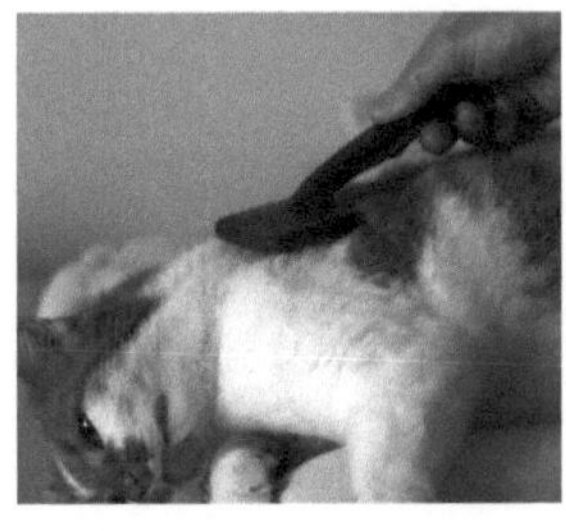

*… fasst dann Vertrauen und genießt die Fellpflege*

# **48** Zecken entfernen

### Handlung
Die Katze toleriert die Entfernung einer Zecke

### Training
Medical Training

### Vorgehensweise
Wir üben die Handlung des Zecken-Entfernens, in dem wir alle notwendigen Handgriffe ohne tatsächlich vorhandene Zecke ausführen. Das bedeutet: Die Katze sollte sich anfassen und an irgendeiner Stelle genauer untersuchen lassen, ohne dabei hektisch zu werden (Übung Nr. 46). Dann halten wir sie sachte fest und üben das Zecken-Entfernen. Falls wir dazu eine Zeckenzange benutzen, berühren wir sie damit kurz. Achten Sie darauf, dass Sie die Katze während des Vorgangs nicht zu Boden drücken oder sie gar mit der Zeckenzange in die Haut zwicken. Die Untersuchung und das Ansetzen des Griffs sollte so angenehm und schnell wie möglich geschehen. Clicken Sie nach Beendigung der Übung. Je ähnlicher das Training dem tatsächlichen Vorgang ist, desto besser.

### Besonderheiten
Durch diese Übung wird es möglich, eine Zecke spielerisch zu entfernen, ohne dass die Katze dabei in Stress gerät. Sie erwartet ein Spiel und freut sich auf den Click. Das tatsächliche Entfernen der Zecke geschieht dann so beiläufig, dass es für die Katze keine „besondere" Sache mehr ist.

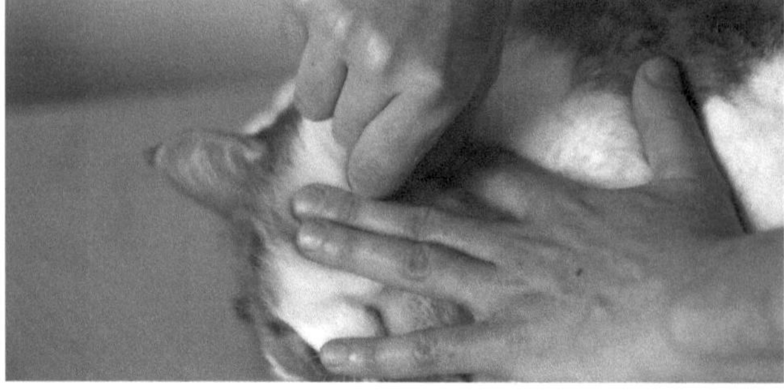

# 49 In die Ohren schauen

**Handlung**
Die Katze toleriert die Kontrolle der Ohren

**Training**
Medical Training

**Vorgehensweise**
Wir greifen das Ohr mit zwei Fingern, heben es etwas an und ziehen es nach oben, so dass wir in die Muschel hinein sehen können. So verfahren wir bei beiden Ohren.

**Besonderheiten**
Wenn die Katze den Kopf schräg hält, ein Ohr seitlich anlegt oder sich oft im Ohr oder daneben kratzt, ist das ein Hinweis auf einen Parasiten (z.B. Ohrmilben) oder eine Ohrentzündung. Ihr Tierarzt wird das passende Medikament verschreiben. Wenn es sich um eine Salbe handelt, können Sie die Behandlung selbst zu Hause vornehmen, ohne jedes Mal einen Tierarzt aufsuchen zu müssen. Sie reduzieren dadurch den Stress für die Katze.

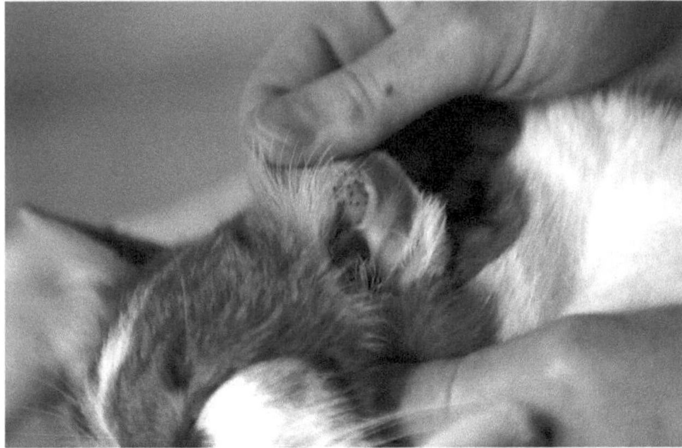

*Die Katze hält während des Medical Trainings die Augen geschlossen. Ein Zeichen dafür, dass sie sich wohl fühlt und sie keine Gefahr befürchtet.*

# 50 In die Augen schauen

### Handlung
Die Katze toleriert die Kontrolle der Augen

### Training
Medical Training

### Vorgehensweise
Wir öffnen zuerst das eine, dann das andere Auge, indem wir mit der einen Hand sacht den Kopf (und die Kopfhaut) festhalten. Dann zieht der Daumen der anderen Hand vorsichtig die Haut nach unten, bis sich das Auge öffnet. Achten Sie dabei unbedingt darauf, dass Sie das Auge nicht berühren oder gar verletzen!

### Besonderheiten
Hat die Katze Beschwerden an einem Auge, hält sie es geschlossen oder öffnet es kaum. Hier kann eine Verletzung vorliegen, wie sie häufig bei Rangkämpfen vorkommt oder eine Bindehautentzündung. Wenn Sie eine Veränderung des Auges feststellen, wird der Tierarzt Ihnen das passende Medikament mitgeben. Salben oder Tropfen können Sie nun selbst spielerisch verabreichen.

*Während die eine Hand die Kopfhaut festhält, zieht der Daumen der anderen Hand die Augenlider auseinander, wobei das dritte Augenlid, die sogenannte Nickhaut im inneren Augenwinkel sichtbar wird.*

# 51 Das Maul öffnen

**Handlung**
Die Katze toleriert das Öffnen des Mauls

**Training**
Medical Training

**Vorgehensweise**
Mit dem Daumen der einen Hand wird die Lefze nach oben gezogen, während die andere Hand mit den Fingern Fell und Haut am Kinn greift und so das Maul leicht öffnet. Gleichzeitig wird die Pfote zwischen die Finger genommen.

**Besonderheiten**
Das Öffnen des Mauls ist für Katzen immer eine unangenehme Angelegenheit. Gehen Sie deshalb behutsam vor und berühren Sie keinesfalls die empfindliche Nase und die Tasthaare. Es macht nichts, wenn die Katze am Anfang nicht das Maul öffnet. Sie wird mit der Zeit verstehen, dass ihr nichts dabei passiert. Wurde diese Übung während des Medical Trainings geübt, können wir so leichter Tabletten verabreichen. Achten Sie dabei darauf, dass Sie die Tablette weit hinten auf die Zunge legen, damit sie geschluckt wird. Wenn die Katze die Tablette geschluckt hat, schleckt sie sich danach meist das Maul.

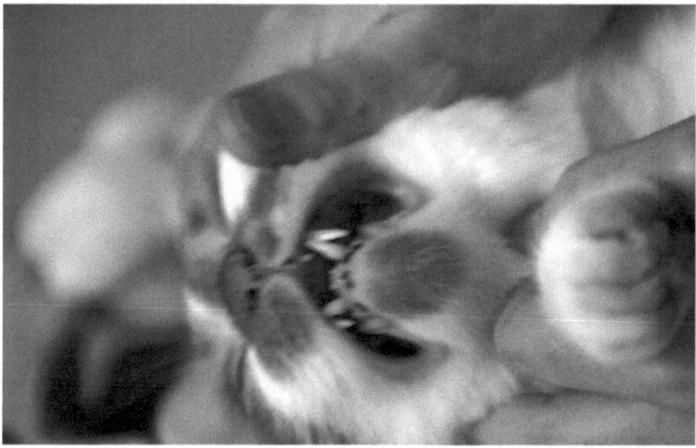

*Während die eine Hand die Lefze nach oben streicht, zieht die andere Hand die Kinnfalte nach unten.*

# 52 Pfoten kontrollieren

### Handlung
Die Pfoten und Krallen werden kontrolliert

### Training
Medical Training

### Vorgehensweise
Mit einer Hand greifen wir die Pfote. Dabei drücken wir nicht zu fest. Dann kontrollieren wir den Fußballen und die Zwischenräume der Ballen, indem wir sie etwas auseinander spreizen. Die Krallen können wir genau untersuchen, wenn wir etwas auf die Pfote drücken. Sie fahren dann heraus.

### Besonderheiten
Wenn die Katze hinkt oder gar eine Pfote nicht mehr aufsetzt, ist das ein Zeichen, dass sie vielleicht eine Verletzung hat. Sie kann sich z.B. einen Dorn eingetreten haben. Ist nichts zu erkennen, kann auch eine andere Ursache vorliegen, z.B. eine Verstauchung oder ein Bruch. Diese Diagnose kann allerdings nur der Tierarzt stellen.

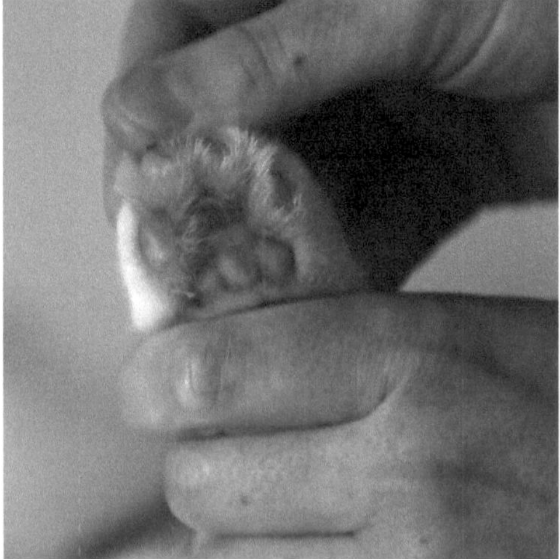

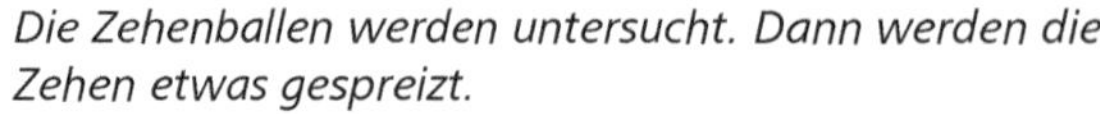

*Die Zehenballen werden untersucht. Dann werden die Zehen etwas gespreizt.*

# Stichwortverzeichnis

## Literatur

Karen Pryor
Clicker training for cats
Ringpress Books, 2002

Karen Pryor
Positives Lernen für Hunde
Kynos Verlag, 2002

Martina Braun
Clickertraining für Katzen
Cadmos Verlag, 2005

Barbara Schöning
Clickertraining für Pferde
Kosmos, 2006

Desmond Morris
Catwatching
Heyne, 2000

## Internetadressen

Karen Pryor:
http://www.clickertraining.com

Tiertraining:
http://www.behavior.org/animals

Diverse Clicker- und Katzenseiten:
http://www.clicker.de
http://www.ljttraining.com
http://www.katze-und-du.at
http://www.litterkwitter.com.au

## Hinweis

Das vorliegende Buch ist gewissenhaft erarbeitet worden. Dennoch erfolgen alle Angaben ohne Gewähr. Eine Haftung für eventuelle Nachteile oder Schäden, die aus den im Buch gemachten praktischen Hinweisen und Übungen resultieren, kann weder vom Autor noch vom Verlag übernommen werden. Jegliche Haftung für Vermögens-, Personen- oder Sachschäden ist ausdrücklich ausgeschlossen.

Die in diesem Buch aufgeführten Informationen stellen keinen Ersatz für eine professionelle tierärztliche oder tierpsychologische Beratung, Untersuchung, Diagnose und Behandlung dar. Die aufgeführten Informationen dürfen nicht zur Eigendiagnose und Behandlung verwendet werden.

Das Werk einschließlich aller seiner Teile ist urheberrechtlich geschützt. Jede Verwertung außerhalb der Grenzen des Urheberrechtsgesetzes ist ohne Zustimmung des Autors und des Verlages unzulässig und strafbar. Das gilt insbesondere für Vervielfältigungen, Übersetzungen, Mikroverfilmungen und die Einspeicherung und Verarbeitung in elektronischen Systemen.

## Dank

Die Autorin dankt der Tierärztin Stefanie Kintzel für die Mitarbeit.
Ein weiterer Dank gilt  Jo Lapidge, die Fotos zum Training mit dem Litterkwitter® beisteuerte.